新能源汽车系列

电动汽车动力电池及管理系统原理与检修

杨光明　陈忠民　主　编
张仕奇　姜琳晖　副主编

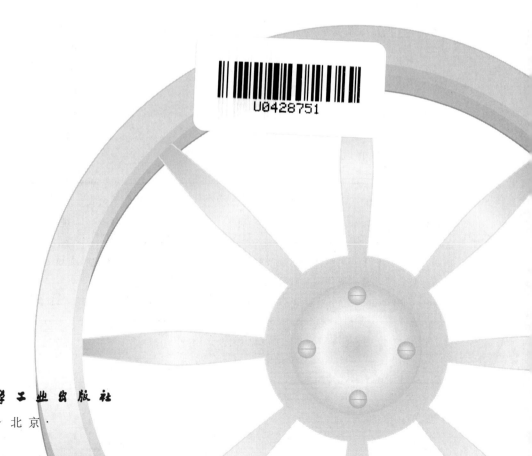

化学工业出版社

·北京·

本书注重理论与实际结合，不仅讲解了电动汽车动力电池的结构原理，还针对具体车型，讲解了电动汽车动力电池拆装、维护、检修等，具体内容包括动力电池系统基础知识、动力电池的测试及设备、电动汽车电池电源、动力电池管理系统、纯电动汽车动力电池系统的检修及混合动力汽车动力电池系统的检修。书中图文并茂，并加入了典型实例，可读性强。

本书可供广大新能源汽车行业从业者学习参考，也可供广大汽车专业及相关专业的职业院校作为教材选用，并可作为相关行业的培训用书。

图书在版编目（CIP）数据

电动汽车动力电池及管理系统原理与检修/杨光明，陈忠民主编. —北京：化学工业出版社，2019.8（2023.2重印）
（新能源汽车系列）
ISBN 978-7-122-34454-0

Ⅰ.①电… Ⅱ.①杨…②陈… Ⅲ.①电动汽车-蓄电池-车辆检修 Ⅳ.①U469.720.7②TM91

中国版本图书馆CIP数据核字（2019）第085570号

责任编辑：韩庆利　　　　　　　　　　　　文字编辑：张绪瑞
责任校对：刘　颖　　　　　　　　　　　　装帧设计：刘丽华

出版发行：化学工业出版社（北京市东城区青年湖南街13号　邮政编码100011）
印　　装：河北鑫兆源印刷有限公司
787mm×1092mm　1/16　印张11¼　字数270千字　2023年2月北京第1版第5次印刷

购书咨询：010-64518888　　售后服务：010-64518899
网　　址：http://www.cip.com.cn
凡购买本书，如有缺损质量问题，本社销售中心负责调换。

定　价：48.00元　　　　　　　　　　　　　　　　　　　　版权所有　违者必究

前言

随着我国经济水平的提高,汽车已成为生活中的交通和出行工具,也推动了汽车产业的快速发展。汽车的消费提高了人们的生活质量,方便了人们的出行,但也带来了石油大量消耗和对石油的依赖性,甚至出现能源危机,同时汽车尾气也造成空气污染,为此,全世界都在应对石油短缺、环境污染和气候变暖的共同挑战,也纷纷出台相关的措施节能减排。在汽车领域,各国提高汽车节能技术和汽车尾气排放标准,加快培育和发展节能汽车与新能源汽车的进度,既是有效缓解能源和环境压力,推动汽车产业可持续发展的紧迫任务,也是加快汽车产业转型升级、培育新的经济增长点和国际竞争优势的战略举措。我国把新能源汽车列为中国汽车行业今后发展的重中之重。正是在此背景下,编写了"新能源汽车系列"图书。

虽然各国发展电动汽车的技术路线各不相同,但动力电池作为电动汽车的关键部件和关键技术,长期以来一直受到研究者的重视。动力电池的能量密度低、使用寿命短、成本高是制约电动汽车产业化和商业化发展的瓶颈技术之一。近些年来,动力电池技术飞速发展并逐步成熟,锂离子电池已经成为电动汽车动力电池的主体,新型材料体系的动力电池也层出不穷。可以相信,在不久的将来,动力电池的能量密度、使用寿命将有质的飞跃。

在动力电池技术飞速发展的同时,人们在长期的科研工作过程中逐步发现,单体电池技术的进步并不代表成组应用的动力电池组整体寿命的提高,串、并联后的电池组性能并非单体电池性能的线性叠加。一致性控制、成组技术、电池监控和管理、热场控制、电池组性能与整车的匹配技术等逐步成为电动车辆动力电池应用技术的关键和核心。在现有关于动力电池的大量书籍中,多是对它的电化学原理和电池性能的介绍,而鲜有对动力电池系统应用技术的介绍,针对电动汽车的动力电池系统检修技术的介绍就更少了。正是在此背景下,编写了《电动汽车动力电池及管理系统原理与检修》一书。

本书条理清晰、层次分明,全书系统地介绍了动力电池系统基础知识、动力电池的测试及设备、新能源汽车蓄电池电源、动力电池管理系统、纯电动汽车动力电池系统的检修及混合动力汽车动力电池系统的检修等内容。本书内容翔实,图文并茂,注重实例介绍,内容深入浅出,可读性强,适合广大新能源汽车行业从业者学习参考,也可供广大汽车专业及相关专业的职业院校作为教材选用。

本书由杨光明、陈忠民主编,张仕奇、姜琳晖副主编,参加编写的还有徐峰、潘明明、周钊、汪倩倩、魏金营、杨小波、潘珊珊、连昺、周宁、潘旺林、满维龙、徐淼、程宇航、汪立亮。本书在编写过程中得到部分新能源汽车生产厂商的大力支持和帮助,在此表示最诚挚的谢意!

由于新能源汽车领域技术日新月异,同时编者知识和能力也存在不足,书中难免存在疏漏和不当之处,请读者及时反馈,以便以后修订。

编 者

目录

第一章 动力电池系统基础知识 ... 1

第一节 动力电池技术的发展现状与目标 ... 1
一、动力电池的研究背景及意义 ... 1
二、动力电池技术及材料发展现状 ... 2
三、国内外汽车动力电池发展差距分析 ... 7
四、动力电池的发展愿景与目标 ... 8

第二节 动力电池的性能指标及工作要求 ... 9
一、动力电池主要性能指标 ... 9
二、动力电池工作要求 ... 13

第三节 动力电池系统的基本结构原理 ... 15
一、动力电池系统的结构组成 ... 15
二、动力电池系统的工作原理 ... 16

第四节 电动汽车动力电池充电技术 ... 17
一、电动汽车动力电池充电方法 ... 17
二、电动汽车充电方式 ... 18

第二章 动力电池的测试及设备简介 ... 22

第一节 动力电池的基本测试 ... 22
一、动力电池基本测试原理与方法 ... 22
二、动力电池基本测试评价 ... 26

第二节 动力电池测试设备简介 ... 30
一、充放电性能试验台 ... 30
二、环境模拟试验系统 ... 32
三、电池滥用试验设备 ... 32

第三章 电动汽车电池电源 ... 34

第一节 铅酸蓄电池 ... 34

  一、铅酸蓄电池的分类及型号 ··· 34
  二、铅酸蓄电池的工作原理 ··· 35
  三、铅酸蓄电池的结构组成 ··· 36
 第二节 锂离子电池 ··· 38
  一、锂离子电池的分类与特点 ··· 38
  二、锂离子电池的基本结构 ··· 39
  三、锂离子电池的工作原理 ··· 41
  四、典型锂离子电池 ··· 42
 第三节 镍-氢电池 ·· 49
  一、镍-氢电池的特点 ··· 50
  二、镍-氢电池的结构原理 ·· 50
  三、镍-氢电池的技术要求 ·· 53
 第四节 动力电池成组技术及一致性 ·· 54
  一、动力电池成组技术 ·· 54
  二、动力电池一致性 ·· 55

第四章 动力电池管理系统 ··· 58

 第一节 动力电池管理系统简介 ··· 58
  一、BMS 的基本功能 ··· 58
  二、BMS 的结构组成 ··· 59
  三、BMS 的工作原理 ··· 62
  四、电池管理系统的要求 ·· 63
 第二节 数据采集方法 ·· 64
  一、单体电压检测方法 ·· 64
  二、电池温度采集方法 ·· 66
  三、电池工作电流采集方法 ·· 67
 第三节 电量管理系统 ·· 67
  一、开路电压法 ·· 68
  二、容量积分法 ·· 68
  三、电池内阻法 ·· 68
  四、模糊逻辑推理和神经网络法 ·· 68
  五、卡尔曼滤波法 ·· 69
 第四节 均衡管理系统 ·· 69
  一、均衡变量的选择 ··· 70
  二、主动均衡方案 ·· 71
 第五节 热管理系统 ·· 78
  一、空冷系统 ·· 78
  二、液冷系统 ·· 78
  三、相变材料（PCM）冷却系统 ··· 79
  四、热管冷却系统 ·· 79
  五、多种冷却方式复合系统 ·· 79

第六节　数据通信系统 ·· 80
　　第七节　电池管理系统的故障诊断与分析 ······································ 82
　　　　一、电池管理系统故障分析 ·· 82
　　　　二、动力电池故障诊断策略 ·· 83

第五章　纯电动汽车动力电池系统的检修 ·· 85

　　第一节　北汽EV160/200动力电池系统的检修 ······························ 85
　　　　一、北汽EV160/200动力电池系统简介 ····································· 85
　　　　二、动力电池系统的维护 ··· 92
　　　　三、诊断仪使用介绍 ·· 95
　　　　四、动力电池组的拆卸和安装 ·· 100
　　　　五、动力电池的检查与维护 ··· 102
　　　　六、动力电池系统故障处理 ··· 110
　　第二节　比亚迪E6动力电池系统的检修 ·· 115
　　　　一、比亚迪E6动力电池系统简介 ·· 115
　　　　二、动力电池系统故障诊断 ··· 118
　　　　三、比亚迪纯电动汽车动力电池的检测 ··································· 125
　　第三节　上汽荣威E50动力电池系统的检修 ································· 132
　　　　一、上汽荣威E50动力电池系统简介 ······································ 132
　　　　二、上汽荣威E50动力电池拆装流程 ······································ 134
　　　　三、荣威E50动力电池冷却系统的检修 ·································· 140

第六章　混合动力汽车动力电池系统的检修 ······································ 147

　　第一节　混合动力汽车动力电池系统简介 ····································· 147
　　　　一、混合动力汽车蓄电池系统 ·· 147
　　　　二、混合动力汽车的电池组管理系统 ······································· 148
　　第二节　丰田普锐斯混合动力电池系统的检修 ······························ 151
　　　　一、丰田普锐斯混合动力电池系统简介 ··································· 151
　　　　二、丰田普锐斯混合动力电池系统的维修 ······························· 155
　　第三节　宝马X6混合动力电池系统的检修 ···································· 159
　　　　一、宝马X6混合动力高电压蓄电池单元简介 ························· 159
　　　　二、宝马X6混合动力高电压蓄电池单元功能 ························· 163
　　第四节　奥迪Q5混合动力电池系统的检修 ···································· 170
　　　　一、奥迪Q5混合动力电池系统简介 ·· 170
　　　　二、奥迪Q5混合动力系统安全理念 ·· 174
　　　　三、奥迪Q5混合动力蓄电池冷却 ·· 174
　　　　四、奥迪Q5混合动力系统维修工具及设备 ···························· 175

参考文献 ·· 178

第一章 动力电池系统基础知识

第一节 动力电池技术的发展现状与目标

一、动力电池的研究背景及意义

在能源制约、环保压力的大背景下,全球新能源汽车发展迅速。混合动力汽车已实现商业化,插电式混合动力汽车、纯电动汽车和氢燃料电池汽车处于规模化推广及示范应用阶段。鉴于动力电池在电动汽车产业中的重要作用,美国、日本、德国等国家均制定了车用动力电池发展的国家规划,对动力电池的研发及产业化进行大力支持,以推动动力电池技术的快速进步和市场推广应用。

美国发布的《电动汽车普及大挑战蓝图》,重点支持插电式混合动力汽车用锂离子电池技术的研发,2022年实现电池系统的比能量达到250W·h/kg,能量密度达到400W·h/L,比功率达到2000W/kg,成本达到125美元/(kW·h)的目标,以实现纯电驱动汽车的性能提升和成本降低。

日本发布的《2013电池技术路线图》中提出,电动汽车用二次电池以比能量、比功率、成本和寿命等指标作为研发的方向。

德国国家电驱动平台提出在材料开发及电芯技术、创新性电池设计技术、安全性评估及测试、电池寿命的建模与分析、大规模生产工艺技术五个方面开展研发工作。

我国发布的《节能与新能源汽车产业发展规划(2012—2020)》重点支持动力电池的产业化和电池模块的标准化,同时我国在第十三个五年计划设置了新能源汽车重点研发专项(2016—2020),从动力电池新材料新体系、高比能锂离子电池、高功率长寿命电池、动力电池系统、高比能二次电池、测试评估六方面支持动力电池的技术研发,产业化的锂离子电池比能量达到300W·h/kg以上,成本降至0.8元/(W·h)以下,新型锂离子电池的比能量达到400W·h/kg以上,新体系电池的比能量达到500W·h/kg以上。在《中国制造

2025》中提出的动力电池发展目标，2025 年单体电池的比能量达到 400W·h/kg，2030 年达到 500W·h/kg。

当前，动力电池迎来了良好的发展机遇，我国动力电池的技术研发水平及产业规模位居世界前三位，有力地支撑了我国新能源汽车的研发、推广应用和产业化。

二、动力电池技术及材料发展现状

（一）动力电池技术的发展现状

动力电池作为新能源汽车的能量储存装置，其性能的优劣直接影响新能源汽车的市场应用和普通消费者的接受度，如安全性、比能量、能量密度、比功率、寿命以及成本等。

目前，铅酸电池、镍氢电池和锂离子电池在电动汽车领域均有应用，如图 1-1 所示。锂离子电池是目前实现产业化的动力电池产品中能量密度最高的电化学体系，具有较长的循环寿命及使用寿命，安全性不断提升。同时，锂离子电池已处于自动化大规模生产制造阶段，成本不断下降。锂离子电池作为铅酸电池和镍氢电池的技术及产业升级换代产品，具有比能量高、比功率高、自放电率低、无记忆效应以及环境友好等突出优点，成为目前技术研究及产业化的重点，其应用领域涵盖了混合动力汽车、插电式混合动力汽车、纯电动汽车以及氢燃料电池汽车等。

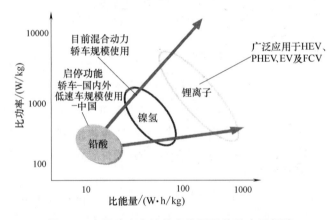

图 1-1 车用动力电池技术发展现状及应用领域

目前，锂离子电池产品主要用于纯电动汽车及插电式混合动力汽车，但纯电动汽车续驶里程相对常规燃油车较短（纯电驱动续驶里程大多在 200km 左右），动力电池成本依然较高 [电池系统价格大致在 2~2.5 元/（W·h）]，安全性能有待进一步改善与提升。因此世界主要汽车生产国均在持续支持开展动力电池技术创新研究和扩大产业规模，特别是进一步提高动力电池的安全性、比能量（从目前的电池单体比能量 110~250W·h/kg 提升至 300~350W·h/kg）、比功率及使用寿命，进一步降低制造和使用成本等。

目前，世界范围内动力电池的研发和产业化主要集中在三个区域，分别位于德国、美国和中日韩所在的东亚地区。较长时间以来，中、日、韩三国在消费类电子用小型锂离子电池领域处于技术、市场的绝对主导地位，锂离子动力电池的生产目前也主要集中在这三个国家。从技术与产业的角度综合来看，日本在技术方面依旧领先，韩国在市场份额方面超越日本，占据第一位，而中国的电池企业数量最多、产能最大。

从目前国内外动力电池公司量产的锂离子动力电池产品看，现有的锂离子动力电池产品基本可分为两大类：一类是小容量圆柱形电池（以18650电池为典型代表产品，其他类型如20700、21700及26650等），电池系统需要采用多串并联的方式，以达到总电压与总容量的要求，电池的数量达到数千只，电池之间的连接以及热、电的管理复杂；另一类则采用大容量电池，通常采用铝塑膜封装或者金属壳体焊接封装。由于电池的容量大，电池模块和系统需要的单体电池数量大大减少，电池之间的连接以及热、电的管理相对简单。

经过二十多年的持续支持和发展，我国动力电池的关键材料基本上实现了国产化，关键材料及动力电池公司的技术研究及产品开发由追赶期开始向同步发展期过渡，动力电池总产能居世界首位，有力地支撑了我国新能源汽车的示范及推广应用。

通过三个五年计划（2001—2015）的大力支持（图1-2），我国动力电池的材料体系选择呈现多元化，在改善和提升安全性的前提下，寻求动力电池能量密度的大幅提升是必然趋势。

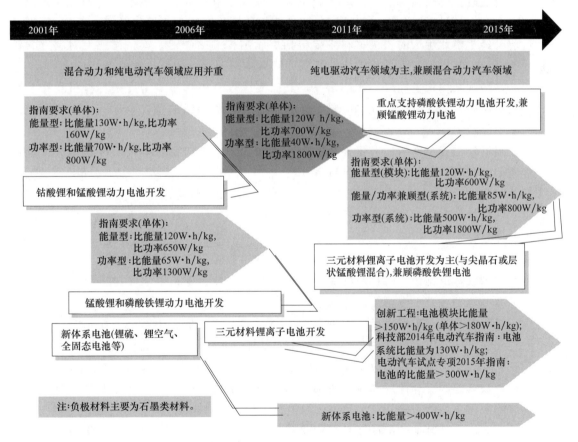

图1-2 我国动力电池技术路线的变化趋势（2001—2015）

目前，我国已形成了包括关键材料（正极、负极、隔膜和电解液等）、动力电池、系统集成、示范应用、回收利用、生产装备、基础研发等在内的较为完善的锂离子动力电池产业链体系，掌握了动力电池的配方设计、结构设计和制造工艺技术，生产线逐步从半自动中试向全自动大规模制造过渡，形成了珠江三角洲、长江三角洲、中原地区和京津区域为主的四大动力电池产业化聚集区域。据统计,超过100家动力电池企业开展动力电池及电池系统的研发及产业化工作,超过1000亿元产业资金的投入,形成了超过400亿瓦·时的年生产能力,技术研发及产业化进展显著。

(二)动力电池材料技术发展现状

动力电池性能的提升离不开电池材料技术的进步,同时材料技术水平的提升又极大地推动了动力电池技术的发展,两者相辅相成,相互促进。

1. 正极材料

高比容量、高比功率、高安全性和长循环寿命的正极材料已成为研究开发和产业化的热点,一般应满足以下条件:①在要求的充放电电位范围内,与电解液具有良好的相容性;②温和的电极过程动力学;③可逆性好;④在全锂化状态下稳定性好。其结构应具有以下特点:①层状或隧道结构,以利于锂离子的脱嵌,且在锂离子脱嵌时无结构上的变化,以保证电极具有良好的可逆性能;②锂离子的嵌入和脱出量大,电极具有较高的容量,并且在锂离子脱嵌时,电极反应的自由能变化不大,以保证电池的充放电电压平稳;③锂离子在其中应有较大的扩散系数,一般选用过渡性含锂金属化合物为正极材料。

目前已经规模化生产的正极材料主要包括层状结构的钴酸锂、镍钴锰三元材料(含镍钴铝)及富锂锰基材料、尖晶石结构的锰酸锂和橄榄石型结构的磷酸铁锂等。

(1)钴酸锂结构稳定性好,比容量高,其振实密度和极片压实密度是现有材料中最高的,可满足高体积能量密度电池的要求,但价格贵、钴资源紧缺及安全性差,一般不应用于动力电池领域。

(2)镍钴锰三元材料的比容量高、振实密度较大,通过包覆和掺杂可改善循环性能和安全性较差的问题,目前镍钴锰三元材料(111和523型,镍、钴和锰元素之间的比例关系为1:1:1和5:2:3)已规模应用于动力电池领域,镍含量更高的三元材料(622和811型,镍、钴和锰元素之间的比例关系为6:2:2和8:1:1)在动力电池领域目前处于开发和应用验证过程中。

(3)镍钴铝三元材料的比容量高,与钴酸锂材料接近,需要进一步改善安全性,降低残碱含量和产气,镍钴铝三元材料前驱体已形成稳定产能,镍钴铝三元材料目前已完成开发,在动力电池领域处于应用推广过程中。

(4)锰酸锂具备三维锂离子扩散通道,原材料成本比较低、生产工艺简单、热稳定性好、耐过充性好、放电电压平台高、安全性好,但高温循环性能与储存性能差,可通过表面包覆三氧化二铝加以改善后应用于动力电池。

(5)磷酸铁锂的安全性好和循环寿命长,通过纳米化、包覆和掺杂等方式可改善振实密度小、低温倍率性能差等问题,目前已规模化应用于动力电池。

(6)高电压、高容量的富锂锰基层状材料及高电压尖晶石锰酸锂材料目前仍处于开发和验证过程中。

目前,国外动力电池公司的产品主要以锰酸锂、镍钴锰、镍钴铝或其混合材料为主,我国动力电池公司的产品中磷酸铁锂材料占比较大。随着汽车企业对动力电池比能量要求的大幅提升($>300W·h/kg$),我国动力电池公司向着镍钴锰、镍钴铝或其与锰酸锂材料混合的转换趋势和速度加快。

动力电池用正极材料技术发展现状见表1-1。

表 1-1　动力电池用正极材料技术发展现状

产品类别	比容量/(mA·h/g)	发展方向	优　点
钴酸锂	≥200	改善安全性,进一步降低成本	技术及配套工艺成熟,循环好,倍率性能好
镍钴锰	≥180	提高低温性能,提高倍率性能,提高体积能量密度,改善安全性	循环性能好,容量高,安全性优于钴酸锂,成本较低
镍钴铝	≥200	改善安全性,降低残碱含量,提高低温性能,提高体积能量密度,提高倍率性能,降低成本	容量高
尖晶石锰酸锂	≥110	改善高温循环性能	技术及配套工艺成熟,倍率性能好,成本低,安全性能较好
磷酸铁锂	≥160	提高能量密度,改善倍率性能、低温性能和加工性能,降低成本	安全性能优异,循环性能优异

2. 负极材料

高比容量、高充放电效率、高循环性能以及低成本等的负极材料已成为研究开发和产业化的热点,一般应满足以下条件:①良好的电子电导率;②锂离子扩散系数大;③嵌锂前后体积变化小;④嵌锂可逆容量高;⑤反应自由能变化小、嵌锂电位低;⑥高度可逆性;⑦与电解液相容性好等。

目前已经规模化生产的负极材料主要包括层状结构的炭材料(包括人造石墨、天然石墨、中间相碳微球、软碳及硬碳等)、合金类材料(包括硅基和锡基类材料等)和氧化物材料(如钛酸锂材料等)。其中人造石墨、天然石墨和中间相碳微球技术及配套工艺成熟,但比容量已到极限,安全性较差,已广泛应用于动力电池领域。软碳具有快速充放电、良好的低温性能和循环性能及成本优势,但首次效率较低,主要与石墨材料混合应用于动力电池领域。硬碳倍率性能好,安全性能好,但首次效率低,成本高,主要是与石墨材料混合应用于动力电池领域。硅基合金材料具有原料丰富、容量高的特性,但首次效率低,循环过程中体积变化大,易粉化,在动力电池领域目前处于开发和应用验证过程中。钛酸锂材料的倍率性能、高低温性能、循环性能及安全性优异,但成本高,能量密度低,近年来通过表面改性和电解液匹配基本解决了胀气问题,已应用于动力电池领域。

当前,石墨类材料是国内外动力电池公司的主流选择(包括人造石墨、天然石墨及中间相碳微球等)。随着汽车企业对动力电池比能量要求的大幅提升(>300W·h/kg),合金类材料尤其是硅基复合材料,成为当前应用研究和产业化的重点方向,目前已有相关产品推出(可逆比容量>450mA·h/g,主要应用于消费类锂离子电池),在插电式混合动力汽车用能量功率兼顾型及快充型动力电池中,实现了石墨与软碳的混合材料,以及钛酸锂材料的批量应用。

动力电池用负极材料技术发展现状见表 1-2。

表 1-2　动力电池用负极材料技术发展现状

产品类别	比容量/(mA·h/g)	发展方向	优　点
天然石墨	≥360	低成本化,改善循环	技术及配套工艺成熟,成本低
人造石墨	≥350	提高容量、低成本化、降低内阻	技术及配套工艺成熟,循环性能好
中间相碳微球	≥340	提高容量、低成本化	技术及配套工艺成熟,倍率性能好,循环性能好

续表

产品类别	比容量/(mA·h/g)	发展方向	优　点
硬碳	≥430	提高首次效率，降低成本	倍率性能好，安全性能好
软碳	≥400	提高首次效率，提高压实密度	具有快速充放电、良好的低温性能和循环性能，成本优势
硅碳	≥800	提高首次效率，提高循环稳定性，抑制体积膨胀	原料丰富，容量高
钛酸锂	≥160	解决钛酸锂与正极、电解液的匹配问题，提高电池能量密度	倍率性能、高低温性能、循环性能及安全性能优异

我国在负极材料领域的研发和产业化方面已进入世界前列，可满足动力电池企业对负极材料的需求。

3. 隔膜材料

热稳定性高、机械强度高、薄型化的微孔膜材料已成为研究开发和产业化的热点，一般应满足以下条件：①具有良好的离子导电性和电子绝缘性；②化学稳定性高，通常对大多数酸、碱、盐、氧化剂显惰性，在常见的电解液中基本不溶解并且不会显著溶胀；③电化学稳定性高，不参加电极反应，在锂离子电池工作条件的电压窗口内不发生氧化还原反应，不发生降解；④热稳定性高，具有较高的熔点或熔融温度，在一定温度下收缩的比例较小。除满足上述要求外，规模化生产的隔膜产品在孔隙率、孔径和孔径分布、空气透过性、微孔的立体结构、电解液的吸收和保持等方面，均与隔膜的结构设计和制造工艺相关，也要得到保证。

当前，高分子聚烯烃微孔膜是国内外动力电池公司的主流选择，主要包括聚丙烯及聚乙烯两大类材料，主要有单层膜和复合膜两类产品，其中复合膜可有效提升隔膜产品的机械强度和热稳定性。

针对动力电池安全性日益重视的趋势和要求，通常在微孔膜材料表面涂覆无机陶瓷涂层和/或有机涂层，进行表面改性处理以提高隔膜的耐温性能和/或阻燃性，改善与电解液的浸润性等。针对动力电池能量密度的大幅提升，隔膜材料的薄型化是发展趋势，由于聚乙烯隔膜材料可实现薄形化而得到了广泛应用。同时聚偏氟乙烯、聚酰亚胺、芳纶及纤维素等隔膜材料也得到了技术开发和应用。

从隔膜材料产业的角度看，干法工艺的聚丙烯隔膜大部分在中国生产，湿法工艺聚乙烯隔膜已在国内外多家企业实现了量产，涂层改性隔膜产品得到了应用推广。美国Celgard公司、深圳星源材质和沧州明珠等企业主要生产聚丙烯隔膜，日本旭化成和东燃、上海恩捷、重庆钮米和佛山金辉等公司主要生产聚乙烯隔膜，可满足国内外动力电池公司对隔膜材料的需求。着眼于隔膜材料的技术及市场发展趋势，近年来国内隔膜公司大多投资进行聚乙烯隔膜的技术开发和产品市场推广，并实现了批量出口。

4. 电解液

离子电导率高，电化学窗口宽，热稳定性好，化学性能稳定及安全性好是电解液的主要要求。目前，用于动力电池的电解液存在如下突出问题：电解液的主要溶剂成分为碳酸酯类，易燃性强，安全性差；电解液的长期稳定性不好，电池的长期循环寿命（10年左右）无法保证；电解液的液态温度范围窄导致电池的高低温性能差。

六氟磷酸锂目前依然是市场主流的电解质产品，在未来一段时间内无替代技术和产品出现对其造成严重威胁。双氟磺酰亚胺锂盐（LiFSI）等新型锂盐在市场上出现并得到了初步的应用。与传统的六氟磷酸锂电解质盐相比，双氟磺酰亚胺锂盐在溶剂中的溶解度及电导率较高，具有更宽的工作温度范围及更高的安全性，但由于其价格高、杂质含量控制难等问题，目前主要作为辅料添加剂与六氟磷酸锂配合使用。采用六氟磷酸锂电解质盐，基于碳酸酯类溶剂的有机液体电解液依然是锂离子电池电解液的主流产品，通过添加功能性添加剂改善电极材料与电解液的相容性，提高电解液耐氧化的稳定性和安全性。针对锂离子动力电池，基于部分氟化的有机溶剂和混合锂盐是今后发展的主流方向，可提高动力电池的工作电压、安全性及其与硅基负极材料等的相容性。

三、国内外汽车动力电池发展差距分析

1. 动力电池国内外技术发展对比

从动力电池的材料体系看，国外动力电池正极材料普遍采用镍钴锰或镍钴铝材料，或与尖晶石锰酸锂材料混合使用，负极材料普遍采用石墨类材料。而国内动力电池正极材料目前采用磷酸铁锂材料居多，负极材料普遍采用石墨类材料。由于磷酸铁锂动力电池的比能量提升存在瓶颈，难以达到比较高的比能量，从提高动力电池比能量的角度出发，国内在正极材料方面采用镍钴锰或镍钴铝材料的趋势明显。

国外动力电池公司量产配套的大容量动力电池产品（容量大于 $10A \cdot h$）的比能量大多为 $110 \sim 180W \cdot h/kg$，部分产品可达 $200W \cdot h/kg$ 左右；小容量动力电池产品（容量小于 $5A \cdot h$），比能量大致在 $220 \sim 250W \cdot h/kg$。快充型锂离子动力电池则以钛酸锂电池为代表产品，比能量达到了 $89W \cdot h/kg$。在动力电池系统集成方面，在安全性、可靠性和耐久性方面体现出很高的技术水平，电池系统的比能量大致在 $80 \sim 130W \cdot h/kg$，质保达到了 8 年/16 万公里。

我国动力电池的技术水平和产业化水平近些年提升较快，规模化生产的如 $20A \cdot h$、$120A \cdot h$ 和 $270A \cdot h$ 等铝合金壳体方形磷酸铁锂动力电池和 $5A \cdot h$ 圆柱形磷酸铁锂动力电池的比能量大致在 $120 \sim 140W \cdot h/kg$；规模化生产的镍钴锰三元材料锂离子动力电池单体（包括铝合金壳体方形、软包装及圆柱形）的比能量大致在 $130 \sim 220W \cdot h/kg$。前瞻性技术研究方面，研制出比能量超过 $300W \cdot h/kg$ 的锂离子电池样品和比能量超过 $500W \cdot h/kg$ 的锂硫电池样品。

在系统集成技术及能力方面取得较大进展，磷酸铁锂动力电池系统的比能量达到了 $90W \cdot h/kg$，镍钴锰三元材料动力电池系统的比能量达到 $110W \cdot h/kg$，寿命超过了 5 年/10 万公里的质保要求。

在规模化生产制造方面，国外动力电池企业实现了生产过程的全自动化管理及运行，保证了产品质量及一致性；国内动力电池企业基本上以单机自动化为主，部分企业实现了生产过程的全自动化管理。

2. 动力电池发展存在的问题

总体而言，我国锂离子动力电池技术与国外先进水平差距不大，但电池基础性和支撑性的研究与开发工作相对薄弱，规模化生产的动力电池均匀一致性等指标与国外相比有较大差距，电池系统集成技术水平不高，产业技术创新能力不足。

（1）动力电池技术创新能力不足，表现为研发投入少，研发人员数量不足，自主推出的新产品较少，产品升级换代慢，动力电池的技术水平需要进一步提升。动力电池产业缺少核心专利，目前锂离子电池产业相关的专利以及核心技术仍然缺乏，将阻碍中国锂离子电池参与国际市场的竞争。

（2）锂离子电池关键材料技术总体上仍落后于国外先进水平，部分材料还依赖进口。

动力电池生产制造的自动化生产水平不高，多数企业生产自动化程度和控制、管理存在缺陷或不足，制约了高水平动力电池的成品率、一致性和成本。

（3）动力电池评价不够深入，安全性、循环耐久性、环境适应性评价不够，动力电池在使用过程中安全问题发生较多，使用寿命达不到要求。

（4）动力电池企业众多，动力电池规格尺寸众多，动力电池单体及模块的标准化制造水平不高，制约了动力电池产业做大做强，影响了产品市场竞争力。

四、动力电池的发展愿景与目标

1. 动力电池需求分析

普及应用新能源汽车的关键是要实现其经济性与使用的便利性同传统燃油汽车相当，提升经济性和使用便利性是未来相当长一段时间内新能源汽车发展的主要方向。

提升新能源汽车的经济性需要降低成本，其中动力电池是关键。新能源汽车因全部或部分采用电力驱动，与传统燃油汽车相比较，能够减少燃料消耗，但目前在全生命周期内燃料消耗节省的费用尚不能抵消所增加的成本。若纯电动汽车续驶里程达到400km，在电池系统成本降至1.0元$/(W \cdot h)$以下的条件下，全生命周期内的经济性能够接近传统燃油汽车；对于插电式混合动力汽车，电池系统成本需要降至1.5元$/(W \cdot h)$以下。

提升新能源汽车的使用便利性，增加纯电驱动行驶的续驶里程是关键。为增加续驶里程，必须增加搭载动力电池系统存储的能量，在不显著增加电池重量和体积的前提下，必须提高动力电池的比能量和能量密度。

从新能源汽车普及应用目标出发，动力电池亟待降低成本、提高比能量和能量密度等性能指标。除此之外，动力电池耐久性、环境适应性和安全性等也是新能源汽车实现普及应用的基本要求，特别是安全性，是新能源汽车的命门，决定着产业培育发展的成败。

发展高性能、低成本的新型锂离子电池和新体系电池是新能源汽车动力电池发展的主要方向。新型锂离子电池采用高电压/高容量正极材料、高容量负极材料和高压电解液替代现有锂离子电池材料，电池成本、比能量和能量密度具有明显的优势，能够大幅度提升新能源汽车经济性和使用的便利性，需要解决耐久性、环境适应性和安全性等关键问题；新体系电池包括锂硫电池、锂空气电池、固态电池等。

降低动力电池成本、提高性能，要以提升大规模制造技术水平作为保障。目前，动力电池制造以智能化为主要发展方向，通过采用全自动化设备、智能化装置、信息化控制、网络化管理，提高动力电池产品合格率、一致性和产品质量，能够降低成本、提高动力电池的可靠性和安全性，智能制造是我国未来动力电池发展的重要内容。

普及新能源汽车，发展动力电池，产品设计、工程设计、验证测试所涉及共性技术的保障不可或缺。以提升设计水平、缩短产品开发周期为方向，动力电池将广泛采用数字化设计工具和方法；为保障动力电池性能、耐久性、环境适应性、安全性等产品设计开发目标和产品合格率、质量、一致性等制造设计开发目标,需要大力发展验证测试方法、分析方法和相关规范标准。

综上所述,实现现有锂离子电池的性能升级,研发新型锂离子电池和新体系电池,提升动力电池智能制造水平,完善验证测试方法和标准体系,既是我国新能源汽车的发展需求,也是我国动力电池技术和产业发展的关键任务,意义重大且十分紧迫。

持续提高性能、降低成本,支撑新能源汽车大规模普及应用;培育形成布局合理、结构完整、具有较强创新能力和国际竞争力的动力电池产业,成为支撑实现汽车强国目标的核心产业;实现电池大规模梯级利用,建立绿色、经济、协调、有序的资源回收利用体系。

2. 动力电池的发展目标

我国动力电池发展以支撑新能源汽车普及应用为总体要求,根据新能源汽车经济性和使用便利性的要求,以成本、关键性能(如比能量等)作为主要指标,实现现有锂离子电池的性能升级,突破新型锂离子电池和新体系电池,发展智能制造,保障共性技术的供给。综合分析新能源汽车需求和动力电池技术发展趋势,我国动力电池发展大致分为三个阶段,目标如下。

(1) 到 2020 年,动力电池技术提升阶段。新型锂离子电池实现产业化。能量型锂离子电池单体比能量达到 350W·h/kg,能量功率兼顾型动力电池单体比能量达到 200W·h/kg。动力电池实现智能化制造,产品性能、质量大幅度提升,成本显著降低,纯电动汽车的经济性与传统汽油车基本相当,插电式混合动力汽车步入普及应用阶段。

(2) 到 2025 年,动力电池产业发展阶段。新体系电池技术取得显著进展。动力电池产业发展与国际先进水平接轨,形成两三家具有较强国际竞争力的大型动力电池公司,国际市场占有率达到 30%。固态电池、锂硫电池、金属空气电池等新体系电池技术不断取得突破,比能量达到 400W·h/kg 以上。

(3) 到 2030 年,动力电池产业成熟阶段。新体系电池实现实用化,电池单体比能量达到 500W·h/kg 以上,成本进一步下降;动力电池技术及产业发展处于国际领先水平。

第二节 动力电池的性能指标及工作要求

一、动力电池主要性能指标

电动汽车上的动力电池主要是化学电池,即利用化学反应发电的电池,可以分为原电池、蓄电池和燃料电池;物理电池一般作为辅助电源使用,如超级电容器。

动力电池是电动汽车的储能装置,要评定动力电池的实际效应,主要是看其性能指标。动力电池性能指标主要有电压、容量、内阻、能量、功率、输出效率、自放电率、使用寿命等,根据动力电池种类不同,其性能指标也有差异。

1. 电压

电池电压主要有端电压、标称(额定)电压、开路电压、工作电压、充电终止电压和放电终止电压等。

(1) 端电压。电池的端电压是指电池正极与负极之间的电位差。

(2) 标称电压。标称电压也称额定电压,是指电池在标准规定条件下工作时应达到的电压。标称电压由极板材料的电极电位和内部电解液的浓度决定。铅酸蓄电池的标称电压是2V,金属氢化物镍蓄电池的标称电压为1.2V,磷酸铁锂电池的标称电压为3.2V,锰酸锂离子电池的标称电压为3.7V。

(3) 开路电压。电池在开路条件下的端电压称为开路电压,即电池在没有负载情况下的端电压。

(4) 工作电压。工作电压也称负载电压,是指电池接通负载后处于放电状态下的端电压在电池放电初始的工作电压称为初始电压。

(5) 充电终止电压。蓄电池充足电时,极板上的活性物质已达到饱和状态,再继续充电,电池的电压也不会上升,此时的电压称为充电终止电压。铅酸蓄电池的充电终止电压为2.7～28V,金属氢化物镍蓄电池的充电终止电压为1.5V,锂离子蓄电池的充电终止电压为4.25V。

(6) 放电终止电压。电池在一定标准所规定的放电条件下放电时,电池的电压将逐渐降低,当电池再不宜继续放电时,电池的最低工作电压称为放电终止电压。如果电压低于放电终止电压后电池继续放电,电池两端电压会迅速下降,形成深度放电。这样,极板上形成的生成物在正常充电时就不易再恢复,从而影响电池的寿命。放电终止电压和放电率有关,放电电流直接影响放电终止电压。在规定的放电终止电压下,放电电流越大,电池的容量越小。金属氢化物镍蓄电池的放电终止电压为1V,锂离子蓄电池的放电终止电压为3.0V。

2. 容量

容量是指完全充电的蓄电池在规定条件下所释放的总的电量,单位为A·h或kA·h,它等于放电电流与放电时间的乘积。单元电池,活性物质的数量决定单元电池含有的电荷量,而活性物质的含量则由电池使用的材料和体积决定,通常电池体积越大,容量越高。电池的容量可以分为额定容量、n小时率容量、理论容量、实际容量、荷电状态等。

(1) 额定容量。额定容量是指在室温下完全充电的蓄电池以11(A)电流放电,达到终止电压时所放出的容量。

(2) n小时率容量。n小时率容量是指完全充电的蓄电池以n小时率放电电流放电达到规定终止电压时所释放的电量。

(3) 理论容量。理论容量是指把活性物质的质量按法拉第定律计算而得到的最高理论值。为了比较不同系列的电池,常用比容量的概念,即单位质量的电池所能给出的理论电量,单位为A·h/kg。

(4) 实际容量。实际容量也称可用容量,是指蓄电池在一定条件下所能输出的电量,它等于放电电流与放电时间的乘积,其值小于理论容量。实际容量反映了蓄电池实际存储电量的大小,蓄电池容量越大,电动汽车的续驶里程就越远。在使用过程中,电池的实际容量会逐步衰减。国家标准规定新出厂的电池实际容量大于额定容量值为合格电池。

(5) 荷电状态。荷电状态(state of charge,SOC)是指蓄电池在一定放电倍率下,剩余电量与相同条件下额定容量的比值,反映蓄电池容量变化的特性。SOC-1即表示蓄电池为充满状态。随着蓄电池的放电,蓄电池的电荷逐渐减少,此时可以用SOC值的百分数的相对量来表示电池中电荷的变化状态。一般蓄电池放电高效率区为（50%～80%）SOC。对蓄电池 SOC 值的估算已成为电池管理的重要环节。

3. 内阻

电池的内阻是指电流流过电池内部时所受到的阻力，一般是蓄电池中电解质、正负极群、隔板等电阻的总和。电池内阻越大，电池自身消耗掉的能量越多，电池的使用效率越低。内阻很大的电池在充电时发热很严重，使电池的温度急剧上升，对电池和充电机的影响都很大。随着电池使用次数的增多，由于电解液的消耗及电池内部化学物质活性的降低，蓄电池的内阻会有不同程度的升高。电池内阻通过专用仪器测量得到。

绝缘电阻是电池端子与电池箱或车体之间的电阻。

4. 能量

电池的能量是指在一定放电制度下，电池所能输出的电能，单位为 W·h 或 kW·h，它影响电动汽车的续驶里程。电池的能量分为总能量、理论能量、实际能量、比能量、能量密度、充电能量、放电能量等。

（1）总能量。总能量是指蓄电池在其寿命周期内电能输出的总和。

（2）理论能量。理论能量是电池的理论容量与额定电压的乘积，指一定标准所规定的放电条件下，电池所输出的能量。

（3）实际能量。实际能量是电池实际容量与平均工作电压的乘积，表示在一定条件下电池所能输出的能量。

（4）比能量。比能量也称质量比能量，是指电池单位质量所能输出的电能，单位为 W·h/kg。常用比能量来比较不同的电池系统。

比能量有理论比能量和实际比能量之分。理论比能量是指 1kg 电池反应物质完全放电时理论上所能输出的能量；实际比能量是指 1kg 电池反应物质所能输出的实际能量。由于各种因素的影响，电池的实际比能量远小于理论比能量。

电池的比能量是综合性指标，它反映了电池的质量水平。电池的比能量影响电动汽车的整车质量和续驶里程，是评价电动汽车的动力电池是否满足预定的续驶里程的重要指标。

（5）能量密度。能量密度也称体积比能量，是指电池单位体积所能输出的电能，单位为 W·h/L。

（6）充电能量。充电能量是指通过充电机输入蓄电池的电能。

（7）放电能量。放电能量是指蓄电池放电时输出的电能。

5. 功率

电池的功率是指电池在一定的放电制度下，单位时间内所输出能量的大小，单位为 W 或 kW。

电池的功率决定了电动汽车的加速性能和爬坡能力。

（1）比功率。单位质量电池所能输出的功率称为比功率，也称质量比功率，单位为 W/kg 或 kW/kg。

（2）功率密度。从蓄电池的单位质量或单位体积所获取的输出功率称为功率密度，单位为 W/kg 或 W/L。从蓄电池的单位质量所获取的输出功率称为质量功率密度；从蓄电池的单位体积电池所获取的输出功率称为体积功率密度。

6. 输出效率

动力电池作为能量存储器,充电时把电能转化为化学能储存起来,放电时把电能释放出来。在这个可逆的电化学转换过程中,有一定的能量损耗。通常用电池的容量效率和能量效率来表示。

(1) 容量效率。容量效率是指电池放电时输出的容量与充电时输入的容量之比,即

$$\eta_c = \frac{C_o}{C_i} \times 100\%$$

式中,η_c 为电池的容量效率;C_o 为电池放电时输出的容量,A·h;C_i 为电池充电时输入的容量,A·h。

影响电池容量效率的主要因素是副反应。当电池充电时,有一部分电量消耗在水的分解上。此外,自放电以及电极活性物质的脱落、结块、孔率收缩等也降低容量输出。

(2) 能量效率。能量效率也称电能效率,是指电池放电时输出的能量与充电时输入的能量之比,即

$$\eta_E = \frac{E_o}{E_i} \times 100\%$$

式中,η_E 为电池的能量效率;E_o 为电池放电时输出的能量,W·h;E_i 为电池充电时输入的能量,W·h。

影响能量效率的原因是电池存在内阻,它使电池充电电压增加,放电电压下降。内阻的能量损耗以电池发热的形式损耗掉。

7. 自放电率

自放电率是指电池在存放期间容量的下降率,即电池无负荷时自身放电使容量损失的速度,它表示蓄电池搁置后容量变化的特性。自放电率用单位时间容量降低的百分数表示,其表达式为

$$\eta_{\Delta c} = \frac{C_a - C_b}{C_a T_t} \times 100\%$$

式中,$\eta_{\Delta c}$ 为电池自放电率;C_a 为电池存储前的容量,A·h;C_b 为电池存储后的容量,A·h;T_t 为电池存储的时间,常以天、月为单位。

8. 放电倍率

电池放电电流的大小常用"放电倍率"表示,即电池的放电倍率用放电时间表示或者说以一定的放电电流放完额定容量所需的小时数来表示,由此可见,放电时间越短,即放电倍率越高,则放电电流越大。

放电倍率等于额定容量与放电电流之比。根据放电倍率的大小可分为低倍率($0.5C$)、中倍率($0.5C \sim 3.5C$)、高倍率($3.5C \sim 7.0C$)、超高倍率($7.0C$)。

例如,某电池的额定容量为20A·h,若用4A电流放电,则放完20A·h的额定容量需用5h,也就是说以5倍率放电,用符号$C/5$或$0.2C$表示,为低倍率。

9. 使用寿命

使用寿命是指电池在规定条件下的有效寿命期限。电池发生内部短路或损坏而不能使用,以及容量达不到规范要求时电池使用失效,这时电池的使用寿命终止。

电池的使用寿命包括使用期限和使用周期。使用期限是指电池可供使用的时间,包括

电池的存放时间。使用周期是指电池可供重复使用的次数，也称循环寿命。

目前，电动汽车发展的瓶颈之一就是电池价格高。除此之外，成本也是一个重要的指标。

除上述主要性能指标外，还要求蓄电池无毒性、对周围环境不会造成污染或腐蚀，使用安全，有良好的充电性能，充电操作方便，充电时间短，耐振动，无记忆性，对环境温度变化不敏感，寿命长，制造成本低，易于调整和维护等。

表 1-3 动力电池性能比较

电池类型	质量能量密度 /(W·h/kg)	质量功率密度 /(W/kg)	能量效率 /%	循环寿命 /次
铅酸电池	35～50	150～400	80	500～1000
镍镉电池	30～50	100～150	75	1000～2000
镍氢电池	60～80	200～400	70	1000～1500
锂离子电池	100～200	200～350	>90	1500～3000

从表 1-3 中可以看出，锂离子电池由于能量密度高、充放电能量强、能量效率高等优点，已成为电动汽车动力电池的首选。

二、动力电池工作要求

动力电池是各种电动汽车的主要能量载体和动力来源，也是电动汽车整车成本的主要组成部分。电池的历史可以追溯到一个半世纪前。1859 年法国科学家普兰特（Plante）发明的铅蓄电池是世界上第一只可充电的电池。1889—1901 年瑞典的杨格纳（Jungner）和美国的爱迪生（Edison）先后研制成功了镍铁电池和镍镉电池。这些电池在实际应用中都经历了数次结构、工艺、材料方面的改进，性能得到大幅度的提高。随着 20 世纪 80 年代镍氢电池（全称为金属氢化物镍电池）的问世以及 90 年代锂离子电池出现，电池的性能和寿命有了长足进步。同时，电池从研制成功到规模化生产的周期也大大缩短。至今，在电动汽车上普遍使用的电池有铅酸电池、镍-氢电池和锂离子电池等。

根据容量的大小和输出功率的能力，动力电池可以分为能量型动力电池、功率型动力电池、能量/功率兼顾型动力电池。

（1）能量型动力电池。能量型动力电池通常具有比较大的容量，能够提供比较持久的能源供给，常常用于纯电动汽车、中度或重度混合动力电动汽车。这种电池总能量在整车的能源配置中占有较大的比例，常常超过 10kW·h。这样不仅可以部分吸收车辆制动回馈的能量，而且可以提高车辆纯电动模式运行时的续驶里程，降低污染物的总排放。

（2）功率型动力电池。功率型动力电池的容量通常比较小，可以提供瞬间大功率供电，主要用于电动工具、轻度混合动力电动汽车。在电动汽车中主要用于吸收制动回馈的能量，同时为车辆启动、加速工况提供瞬间的额外能量。

（3）能量/功率兼顾型动力电池。能量/功率兼顾型动力电池能量密度高，同时在 SOC 低时有提供大功率的能力，在 SOC 高时能接收大功率，即要求电池具有高能量、大功率兼顾的特性，主要用于插电式混合动力汽车。

由于不同种类电动汽车的构型和工作模式不同，对动力电池的要求应结合不同的车型，下面分别予以说明。

1. 纯电动汽车电池的工作要求

纯电动汽车行驶完全依赖电池的能量，电池容量越大，可以实现的续驶里程越长，但电池的体积、重量也越大。纯电动汽车要根据设计目标、道路情况和行驶工况的不同来选配电池。具体要求归纳如下。

（1）电池组要有足够的能量和容量，以保证典型的连续放电不超过1C，典型峰值放电一般不超过3C；如果电动汽车上具有回馈制动功能，电池组必须能够接受高达3C的脉冲电流充电。

（2）电池要能够实现深度放电（如80%）而不影响其寿命，在必要时能实现满负荷甚至全负荷放电。

（3）需要安装电池管理系统和热管理系统，以显示电池组的剩余电量和实现温度控制。

（4）由于动力电池组体积和质量大，电池箱的设计、电池的空间布置和安装问题都需要认真研究。

2. 混合动力汽车对电池的工作要求

与纯电动汽车相比，混合动力汽车对电池的容量要求有所降低，但要求为整车实时提供足够的瞬时功率，即要实现"小电池提供大电流"。

由于混合动力汽车构型的不同，串联式和并联式混合动力汽车对电池的要求也有差别。

（1）串联式混合动力汽车完全由电机驱动，发动机-发电机总成与电池组一起为电机提供需要的电能，电池SOC处于较高的水平，对电池的要求与纯电动汽车相似，但容量要小一些。

（2）并联式混合动力汽车发动机和电机都可直接为车轮提供驱动力，整车的功率需求可以由不同的动力组合来满足。动力电池的容量可以更小，但是电池组瞬时提供的功率要满足汽车加速或爬坡要求，电池的最大放电电流有时可能高达20C以上。

在不同构型的混合动力汽车上，由于工作环境、汽车构型、工作模式存在巨大差异，对混合动力汽车用动力电池提出统一的要求是比较困难的，但一些共性的要求可以归纳如下。

（1）电池的峰值功率要大，能短时大功率充放电。

（2）循环寿命要长，达到1000次以上的深度放电循环和40万次以上的浅度放电循环。

（3）电池的SOC应尽可能保持在50%~85%的范围内。

（4）需要配备电池管理系统和热管理系统。

3. 插电式混合动力汽车（PHEV）对电池的工作要求

PHEV对动力电池的要求应兼顾纯电动和混合动力两种模式。图1-3所示为PHEV的工作模式，PHEV在设计上既要实现在城市里以纯电动汽车模式行驶，又要实现在高速公路上以混合动力模式行驶。PHEV期望纯电动工作模式的行驶里程能够达到几十公里，而且期望电池在低SOC时也能提供很高的功率，满足HEV模式。

图1-4表示了PHEV、EV和HEV对电池要求在功率密度和能量密度上的差别。从成本角度来讲，由于电池成本高，PHEV的售价会比传统汽车和无纯电动里程的混合动力汽车高。可见，PHEV对电池的要求是非常高的。

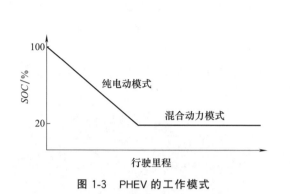

图 1-3 PHEV 的工作模式

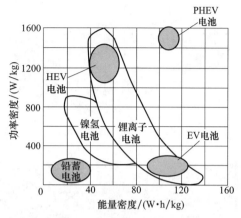

图 1-4 PHEV、EV 和 HEV 对电池要求的差别

第三节 动力电池系统的基本结构原理

一、动力电池系统的结构组成

新能源汽车的车载电源系统主要由辅助动力源和动力电池系统（动力电池模组、电池管理系统、动力电池箱辅助元器件）组成。辅助动力源是供给新能源汽车其他各种辅助装置所需能源的动力电源，一般为12V或24V的直流低压电源，其作用是给动力转向、制动力调节控制、照明、电动窗门等各种辅助装置提供所需的能源；动力电池模组由多个电池模块或单体电芯串联组成；电池管理系统是整个动力电池系统的神经中枢；动力电池箱用来放置动力电池模组；辅助元器件主要包括动力电池系统内部的电子电器元件，如熔断器、继电器、分流器、接插件、紧急开关、烟雾传感器、维修开关以及电子电器元件以外的辅助元器件，如密封条、绝缘材料等。

动力电池系统的组成及其内部结构如图1-5～图1-7所示，辅助元器件如图1-8所示。

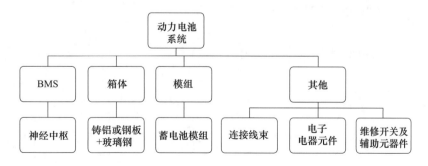

图 1-5 动力电池系统的组成

电池单体是构成动力电池模块的最小单元，一般由正极、负极、电解质及外壳等构成，

图 1-6 动力电池系统

实现电能与化学能之间的直接转换。

电池模块是一组并联的电池单体的组合，该组合的额定电压与电池单体的额定电压相等，是电池单体在物理结构和电路上连接起来的最小分组，可作为一个单元替换。

动力电池模组则是由多个电池模块或单体电芯串联组成的一个组合体。

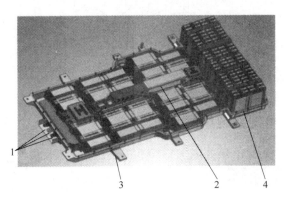

图 1-7 动力电池系统内部结构
1—辅助元器件；2—电池管理系统；
3—动力电池箱；4—动力电池模组

图 1-8 辅助元器件

二、动力电池系统的工作原理

动力电池模组放置在一个密封并且屏蔽的动力电池箱内，动力电池系统使用可靠的高压接插件与高压控制盒相连，然后输出的直流电由电动机控制器转变为三相脉冲高压电，

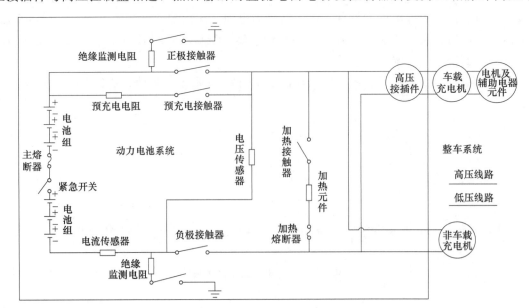

图 1-9 高压系统工作原理

驱动电动机工作；系统内的 BMS 实时采集各电芯的电压、各传感器的温度值、电池系统的总电压值和总电流值等数据，实时监控动力电池的工作状态，并通过 CAN 线与 ECU 或充电动机进行通信，对动力电池系统充放电等进行综合管理。

高、低压系统及绝缘监测回路的工作原理如图 1-9～图 1-11 所示。

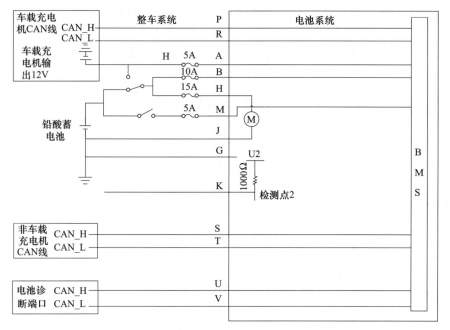

图 1-10　低压系统工作原理

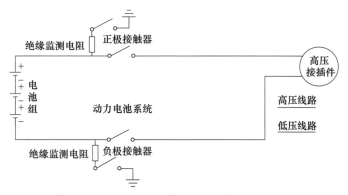

图 1-11　绝缘监测回路工作原理

第四节　电动汽车动力电池充电技术

一、电动汽车动力电池充电方法

电动汽车蓄电池充电方法主要有恒流充电、恒压充电和恒流限压充电，现代智能型蓄电池充电机可设置不同的充电方法。

1. 恒流充电

恒流充电是指充电过程中使充电电流保持不变的方法。恒流充电具有较大的适应性，容易将蓄电池完全充足，有益于延长蓄电池的寿命。缺点是在充电过程中，需要根据逐渐升高的蓄电池电动势调节充电电压，以保持电流不变，充电时间也较长。

恒流充电是一种标准的充电方法，有4种方式。

（1）恒流充电。即维持电池的满充电状态，恰好能抵消电池自放电的一种充电方法，其充电电率对满充电的电池长期充电无害，但对完全放电的电池充电，电流太小。

（2）最小电流充电。是指在能使深度放电的电池有效恢复电池容量的前提下，把充电电流尽可能地调整到最小的方法。

（3）标准充电。即采用标准速率充电，充电时间为14h。

（4）高速率（快速）充电。即在3h内就给蓄电池充满电的方法，这种充电方法需要自动控制电路保护电池不损坏。

2. 恒压充电

恒压充电是指充电过程中保持充电电压不变的充电方法，充电电流随蓄电池电动势的升高而减小。合理的充电电压，应在蓄电池即将充足时使其充电电流趋于0，如果电压过高会造成充电初期充电电流过大和过充电，如果电压过低则会使蓄电池充电不足。充电初期若充电电流过大，则应适当调低充电电压，待蓄电池电动势升高后再将充电电压调整到规定值。

恒压充电的优点是充电时间短，充电过程无需调整电压，较适合于补充充电。缺点是不容易将蓄电池完全充足，充电初期大电流对极板会有不利影响。

3. 恒流限压充电

先以恒流方式进行充电，当蓄电池组端电压上升到限压值时，充电机自动转换为恒压充电，直到充电完毕。

二、电动汽车充电方式

电动汽车充电方式主要有常规充电方式、快速充电方式、电池更换方式、无线充电方式及未来其他前沿技术等。

1. 常规充电方式

常规充电方式采用恒压、恒流的传统充电方式对电动汽车进行充电，相应的充电机的工作和安装成本相对比较低，电动汽车家用充电设施（车载充电机）和小型充电站多采用这种充电方式。

车载充电机是电动汽车的一种最基本的充电设备，如图1-12所示。充电机作为标准配置固定在车上或放在后备厢里。由于只需将车载充电机的插头插到停车场或家中的电源插座上即可进行充电，因此充电过程一般由客户自己独立完成、直接从低压照明电路取电，充电功率较小，由220V/16A规格的标准电网电源供电。典型的充电时间为8～10h（SOC值达到95%以上）。这种充电方式对电网没有特殊要求只要能够满足照明要求的供电质量就能够使用。由于在家中充电通常是晚上或者是在电低谷期，有利于电能的有效利用。

小型充电站是电动汽车的一种最重要的充电方式，如图1-13所示，充电桩设置在街边、超市、办公楼、停车场等处。采用常规充电电流充电,电动汽车驾驶员只需将车停靠在充电站指定的位置上,接上电线即可开始充电。计费方式是投币或刷卡,充电功率一般为 5~10kW,采用三相四线制 380V 供电或单相 220V 供电。其典型的充电时间是,补电 1~2h,充满 5~8h(SOC 值达到 95% 以上)。

图 1-12 车载充电机充电方式

图 1-13 小型充电站充电方式

常规充电方式主要优点是,充电技术成熟,技术门槛低,使用方便,容易推广普及;充电设施配置简单,占地较小,投资少;电池充电过程缓和,电池能够深度充满;充电时电池发热温和,不易发生高温短路或爆炸危险,安全性较高;接口和相关标准较低;充电功率相对低,对配电网要求降低,基础设施配套需求小,一般选择夜间充电可避开傍晚用电高峰期,节能效果较好。

常规充电方式主要缺点是,充电时间长,续驶里程有限,使用受到限制;用于有慢速充电需求的停车场所,如住宅小区停车场、社会公共停车场等。

2. 快速充电方式

快速充电方式以 150~400A 的高充电电流在短时间内为蓄电池充电,与常规充电方式相比安装成本相对较高。快速充电也可称为迅速充电或应急充电,其目的是在短时间内给电动汽车充满电,大型充电站(机)多采用这种充电方式。

大型充电站(机)的快速充电方式如图 1-14 所示,它主要针对长距离旅行或需要进行快速补充电能的情况进行充电,充电机功率很大,一般都大于 30kW,采用三相四线制 380V 供电。其典型的充电时间是 10~30min。这种充电方式对电池寿命有一定的影响,特别是普通蓄电池不能进行快速充电,因为在短时间内接受大量的电量会导致蓄电池过热。快速充电站的关键是非车载快速充电组件,它能够输出 35kW 甚至更高的功率。由于功率和电流的额定值都很高,因此这种充电方式对电网有较高的要求,一般应靠近 10kV 变电站附近或在监测站和服务中心中使用。

快速充电方式主要优点是,技术较为成熟,接口标准要求较低,充电速度快,增加电动汽车长途续航能力,是一种有效的补充方案。

快速充电方式主要缺点是,充电功率较大,接口和用电安全提高,电池散热成为重要因素;电池不能深度充电,一般为

图 1-14 大型充电站(机)的快速充电方式

电池容量的80%左右，容易损害电池寿命，需要承担更多的电池折旧成本；短时用电消耗大，对配电网要求较高，基础设施配套需求巨大。

3. 电池更换方式

采用更换电池的方式迅速补充车辆电能，电池更换可在10min以内完成，理论上无限提升了车辆续驶里程。

如图1-15所示为利用换电机器人为电动汽车更换电池。

图1-15 利用换电机器人为电动汽车更换电池

电池更换方式主要优点是，电池更换客户感受接近传统的加油站加油；用户只需购买裸车，电池采用租赁的方式，大幅降低了车辆价格；采用适合的充电方式保证电池的健康以及电池效能的发挥，电池集中管理便于集中回收和维护，减小环境污染；选择夜间用电低谷时段慢速充电，降低服务机构运行成本，对电网起到错峰填谷作用。

电池更换方式主要缺点是，基础设施建设成本较高，占用场地大，电网配套要求高；需解决电动汽车更换电池方便的问题，如电池设计安装位置、电池拆卸难易程度等；需要电动汽车行业众多标准的严格统一，包括电池本身外形和各项参数的标准化，电池和电动汽车接口的标准化，电池和外置充电设备接口的标准化等；电池更换容易导致电池接口接触不良等问题，对电池及车辆接口的安全可靠要求提高；电池租赁带来的资产管理、物流配送、计价收费等一系列问题，运作复杂性和成本提高。

4. 无线充电方式

无线充电方式包括电磁感应式、磁场共振式、无线电波式三种方式。电动汽车非接触充电方式的研究目前主要集中在感应式充电方式，不需要接触即可实现充电。目前，日产和三菱都有相关产品推出，其原理是采用了可在供电线圈和受电线圈之间提供电力的电磁感应方式，即将一个受电线圈装置安装在汽车的底盘上，将另一个供电线圈装置安装在地面，当电动汽车驶到供电线圈装置上，受电线圈即可接收到供电线圈的电流，从而对电池进行充电。

相对于电动汽车的有线充电而言，无线充电具有使用方便、安全、可靠，没有电火花和触电的危险，无积尘和接触损耗，无机械磨损，没有相应的维护问题，可以适应雨、雪等恶劣的天气和环境等优点。无线充电技术用于电动汽车充电可以降低人力成本，节省空间，不影响交通视线等。如果可以实现电动汽车的动态无线充电，则可以大幅减少电动汽车配备的动力电池容量，从而减轻整车重量，降低电动汽车的运行成本。

有了无线充电技术，公路上行驶的电动汽车或双能源汽车可通过安装在电线杆或其他高层建筑上的发射器快速补充电能。电费将从电动汽车上安装的预付卡中扣除。

电动汽车无线充电示意图如图1-16所示。

5. 未来其他前沿技术

Altair纳米技术公司为电动汽车开发的锂离子电池有极快速度的充电，容量高达

35kW·h的电池可以在10min之内充电完毕，安装这种电池的载人小汽车续驶达160km。10min之内45kW·h的电池充电完毕需要250kW的充电功率，这是一栋办公大楼最大用电负荷的五倍。麻省理工学院研究人员发明了一项充电材料表面处理技术，利用这种新技术制造的手机电池可以在10s内完成充电，汽车电池可在5min内充好电。一块锂电池完成充电一般需要

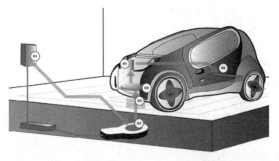

图1-16 电动汽车无线充电示意图

6min或更长的时间。但传统的磷酸铁锂材料在经过表面处理生成纳米级沟槽后，可将电池的充电速度提升36倍（仅为10s），由于这项技术不需要新材料，只是改变制造电池的方法，所以用2～3年时间就可以将这项技术市场化。

据索尼公司官方新闻稿表示，索尼公司已经开发出了一种快速充电锂电池，仅需半个小时就能让电池充电99%。功率可达1800W/kg，并可延长2000次循环充放电寿命。这种电池采用磷酸铁锂作为阴极材料，以增强阴极的晶体结构并能保证其高温状态下的稳定性。通过与索尼公司新设计的粒子技术阳极材料组合，该电池可以有效降低电阻，并提高输出功率。

V2G是Vehicle-to-grid的简称，它描述了这样的一个系统：当混合动力电动汽车不再运行的时候，通过链接到电网的电机将能量卖给电网，反过来，当电动汽车的电池需要充满时，电流可以从电网中提取出来提供给电池。

第二章 动力电池的测试及设备简介

动力电池测试是电池研制、出厂检测、产品评估等的必要手段。作为电动汽车的能量源,从保证交通工具必要的性能和安全性角度出发,汽车行业管理部门也对动力电池、动力电池组甚至动力电池系统的测试制定了详细的测试规程和检验标准。虽然电动汽车产业尚处于初级阶段,标准也会随着应用及对动力电池的认识逐步修改完善,但对于性能和安全性测试的基本方法和要求相对稳定。

第一节 动力电池的基本测试

一、动力电池基本测试原理与方法

化学电源的电化学基本性能包括容量、电压、内阻、自放电、存储性能、高低温性能等,动力电池作为典型的二次化学电源还包括充放电性能、循环性能、内压等。因此,对于动力电池单体而言,主要性能测试内容包括:充电性能测试、放电性能测试、放电容量及倍率性能测试、高低温性能测试、能量和比能量测试、功率和比功率测试、存储性能及自放电测试、寿命测试、内阻测试、内压测试和安全性测试等。

从车辆实际应用角度出发,应用于电动汽车的动力电池需要以动力电池组作为测试对象进行适合于车用的一系列测试,如:静态容量检测、峰值功率检测、动态容量检测、部分放电检测、静置试验、持续爬坡功率测试、热性能、启动功率测试、电池振动测试、充电优化和快速充电能力测试、循环寿命测试以及安全性测试等。

(1) 静态容量检测。该测试的主要目的是确定车辆在实际使用时,动力电池组具有充足的电量和能量,满足在各种预定放电倍率和温度下正常工作。主要的试验方法为恒温条件下恒流放电测试,放电终止以动力电池组电压降低到设定值或动力电池组内的单体一致性(电压差)达到设定的数值为准。

(2) 动态容量检测。电动汽车行驶过程中,动力电池的使用温度、放电倍率都是动态变化的。该测试主要检测动力电池组在动态放电条件下的能力。其主要表现为不同温度和不同放电倍率下的能量和容量。其主要测试方法为采用设定的变电流工况或实际采集的车辆应用电流变化曲线，进行动力电池组的放电性能测试，试验终止条件根据试验工况以及动力电池的特性有所调整，基本也是遵循电压降低到一定的数值为标准。该方法可以更加直接和准确地反映电动汽车的实际应用需求。

（3）静置试验。该测试的目的是检测动力电池组在一段时间未使用时的容量损失，用来模拟电动汽车一段时间没有行驶而电池开路静置时的情况。静置试验也称为自放电及存储性能测试，它是指在开路状态下，电池存储的电量在一定环境条件下的保持能力。

（4）启动功率测试。由于汽车启动功率较大，为了适应不同温度条件下的汽车启动需要，对动力电池组进行低温（-18℃）启动功率和高温（50℃）启动功率测试。该项测试除了在设定温度下进行以外，为了能够确定电池在不同荷电状态下的放电能力，一般还设定 SOC 值。常见的测试为 $SOC=90\%$、50% 和 20% 时进行的功率测试。

（5）快速充电能力测试。该测试的目的是通过对动力电池组进行高倍率充电来检测电池的快速充电能力，并考察其效率、发热及对其他性能的影响。对于快速充电，USABC 的目标是 15min 内电池 SOC 从 40% 恢复到 80%。目前，日本的 CHAdeMO 协会制定标准要求达到电动汽车动力电池组充电 10min 左右可保证车辆行驶 50km，充电时间超过 30min 可保证车辆行驶 100km。

（6）循环寿命测试。电池的循环寿命直接影响电池的使用经济性。当电池的实际容量低于初始容量或是额定容量的 80% 时，即视为动力电池寿命终止。该测试采用的主要方法是在一定的条件下进行充放电循环，以循环的次数作为其寿命的指标。由于动力电池的寿命测试周期比较长，一般试验下来需要数月甚至一年的时间，因此，在实际操作中，经常采用确定测试循环数量，测定容量衰减情况，并据此数据进行线性外推的方法进行测试。在研究领域，为了缩短动力电池的寿命测试时间，也在研究通过增加测试的温度、充放电倍率等加速电池老化的方式进行动力电池及动力电池组寿命的测试。

（7）安全性测试。电池的安全性能是指电池在使用及搁置期间对人和装备可能造成的伤害的评估。尤其是电池在滥用时，由于特定的能量输入，导致电池内部组成物质发生物理或化学反应而产生大量的热量，如热量不能及时散逸，可能导致电池热失控。热失控会使电池发生毁坏，如猛烈的泄气、破裂，并伴随起火，造成安全事故。在众多化学电源中，锂离子电池的安全性尤为重要。通用的动力电池安全测试项目见表 2-1。

表 2-1 通用的动力电池安全测试项目

类别	主要测试方法	类别	主要测试方法
电性能测试	过充电、过放电、外部短路、强制放电等	热测试	焚烧、热成像、热冲击、油浴、微波加热等
机械测试	自由落体、冲击、针刺、振动、挤压等	环境测试	高空模拟、浸泡、耐菌性等

（8）电池振动测试。该测试的目的是检测由于道路引起的频繁振动和撞击对动力电池及动力电池组性能和寿命的影响。电池振动测试主要考察动力电池（组）对振动的耐久性，并以此作为指导改正动力电池（组）在结构设计上不足的依据。振动试验中的振动模式一般使用正弦振动或随机振动两种。由于动力电池（组）主要是装载于车辆上使用，为更好

地模拟电池的使用工况,一般采用随机振动。

上面仅是对动力电池(组)进行测试的一些通用要求,根据动力电池的不同类型,测试的具体参数与要求会有所差异。表2-2是电动汽车用锂离子蓄电池包或系统安全性能要求与测试方法。

表2-2 电动汽车用锂离子蓄电池包或系统安全性能要求与测试方法

项目	测试方法	安全要求
振动	对于蓄电池包或系统的振动试验 1. 参考测试对象车辆安装位置和 GB/T 2423.43—2008 的要求,将测试对象安装在振动台上。振动测试在三个方向上进行,测试从 z 轴开始,然后是 y 轴,最后是 x 轴。测试过程参照 GB/T 2423.56—2006 2. 对于安装位置在车辆乘员舱下部的测试对象,测试参数按照 GB/T 31467.3—2015 中 7.1.1.2 进行测试 3. 每个方向的测试时间是 21h,如果测试对象是两个,则可以减少到 15h;如果测试对象是三个,则可以减少到 12h 4. 试验过程中,监控测试对象内部最小监控单元的状态,如电压和温度等 5. 振动测试后,观察 2h 对于蓄电池包或系统的电子装置的振动试验 1. 对于安装在车辆悬架之上部位(车身)的测试对象,测试参数按照 GB/T 31467.3—2015 中 7.1.2.1 进行测试;对于其他安装部位的测试对象,按照 GB/T 28046.3—2011 的相关试验进行测试 2. 参照 GB/T 2423.56—2006 执行随机振动。测试对象的每个平面都进行 8h 的振动测试 3. 振动过程中测试对象按照 GB/T 28046.1—2011 中的 3.2 模式工作	1. 蓄电池包或系统:测试过程中,蓄电池包或系统的最小监控单元无电压锐变(电压差的绝对值不大于 0.15V),蓄电池包或系统保持可靠、结构完好,蓄电池包或系统无泄漏、外壳破裂、着火或爆炸等现象。试验后的绝缘电阻值不小于 100Ω/V 2. 蓄电池包或系统的电子装置:试验过程中,连接可靠、结构完整,无接机松动,且试验后状态参数测量精度满足 GB/T 31467.3—2015 中表1的要求
机械冲击	1. 测试对象为蓄电池包或系统 2. 对测试对象施加 25g、15ms 的半正弦冲击波形,z 轴方向冲击 3 次,观察 2h	蓄电池包或系统无泄漏、外壳破裂、着火或爆炸等现象。试验后的绝缘电阻值不小于 100Ω/V
跌落	1. 测试对象为蓄电池包或系统 2. 测试对象以实际维修或者安装过程中最可能跌落的方向,若无法确定最可能的跌落的方向,则沿 z 轴方向,从 1m 的高度处自由跌落到水泥地面上,观察 2h	蓄电池包或系统无泄漏、外壳破裂、着火或爆炸等现象
翻转	1. 测试对象为蓄电池包或系统 2. 测试对象绕 x 轴以 6°/s 速度转动 360°,然后以 90°增量旋转,每隔 90°增量保持 1h,旋转 360°停止。观察 2h 3. 测试对象绕 y 轴以 6°/s 速度转动 360°,然后以 90°增量旋转,每隔 90°增量保持 1h,旋转 360°停止。观察 2h 4. 测试对象绕 z 轴以 6°/s 速度转动 360°,然后以 90°增量旋转,每隔 90°增量保持 1h,旋转 360°停止。观察 2h	蓄电池包或系统无泄漏、外壳破裂、着火或爆炸等现象,并保持连续可靠、结构完好。试验后的绝缘电阻值不小于 100Ω/V
模拟碰撞	1. 测试对象为蓄电池包或系统 2. 测试对象水平安装在带有支架的台车上,根据测试对象的使用环境给台车施加 GB/T 31467.3—2015 中表7和图3规定的脉冲(汽车行驶方向为 x 轴,另一垂直于行驶方向的水平方向为 y 轴)。观察 2h	蓄电池包或系统无泄漏、外壳破裂、着火或爆炸等现象。试验后的绝缘电阻值不小于 100Ω/V

续表

项目	测试方法	安全要求
挤压	1. 测试对象为蓄电池包或系统 2. 按如下条件进行加压 ①挤压板形式:半径为 75mm 的半圆柱体,半圆柱体的长度大于测试对象的高度,但不超过 1m ②挤压方向:x 和 y 方向(汽车行驶方向为 x 轴,另一垂直于行驶方向的水平方向为 y 轴) ③挤压程度:挤压力达到 200kN 或挤压变形量达到挤压方向的整体尺寸的 30% 时停止挤压 ④保持 10min ⑤观察 1h	蓄电池包或系统无着火、爆炸等现象
温度冲击	1. 测试对象为蓄电池包或系统 2. 测试对象置于(-40 ± 2)~(85 ± 2)℃ 的变温度环境中,两种极端温度的转换时间在 30min 以内。测试对象在每个极端温度环境中保持 8h,循环 5 次。在室温下观察 2h	蓄电池包或系统无泄漏、外壳破裂、着火或爆炸等现象,试验后的绝缘电阻值不小于 100Ω/V
湿热循环	1. 测试对象为蓄电池包或系统 2. 参考 GB/T 2423.4 执行试验 Db,变量见 CB/T 31467.3—2015 中图 4,其中最高温度为 80℃,循环 5 次。在室温下观察 2h	蓄电池包或系统无泄漏、外壳破裂、着火或爆炸等现象,试验后 30min 之内的绝缘电阻值不小于 100Ω/V
海水浸泡	1. 测试对象为蓄电池包或系统 2. 室温下,测试对象以实车装配状态与整车线束相连,然后以实车装配方向置于 3.5% NaCl 溶液(质量分数,模拟常温下的海水成分)中 2h。水深要足以淹没测试对象。观察 2h	蓄电池包或系统无着火或爆炸等现象
外部火烧	1. 测试对象为蓄电池包或系统 2. 具体测试步骤参考 GB/T 31467.3—2015 中 7.10 外部火烧	蓄电池包或系统无着火或爆炸等现象,若有火苗,应在火源移开后 2min 内熄灭
盐雾	1. 测试对象为蓄电池包或系统 2. 具体测试步骤参考 GB/T 31467.3—2015 中 7.11 盐雾	蓄电池包或系统无泄漏、外壳破裂、着火或爆炸等现象
高海拔	1. 测试对象为蓄电池包或系统 2. 测试环境:海拔高度为 4000m 或等同高度的气压条件,温度为室温 3. 在 GB/T 31467.3—2015 中 7.12.2 规定的测试环境中搁置 5h,对测试对象进行 1C(不超过 400A)恒流放电至放电截止条件。观察 2h	蓄电池包或系统无放电电流锐变、电压异常、泄漏、外壳破裂、着火或爆炸等现象,试验后的绝缘电阻值不小于 100Ω/V
过温保护	1. 测试对象为蓄电池系统 2. 具体测试步骤参考 GB/T 31467.3—2015 中 7.13 过温保护	电池管理系统起作用,蓄电池系统无喷气、外壳破裂、着火或爆炸等现象,试验后的绝缘电阻值不小于 100Ω/V
短路保护	1. 测试对象为蓄电池系统 2. 具体测试步骤参考 GB/T 31467.3—2015 中 7.14 短路保护	保护装置起作用,蓄电池系统无泄漏、外壳破裂、着火或爆炸等现象,试验后的绝缘电阻值不小于 100Ω/V
过充电保护	1. 测试对象为蓄电池系统 2. 具体测试步骤参考 GB/T 31467.3—2015 中 7.15 过充电保护	电池管理系统起作用,蓄电池系统无喷气、外壳破裂、着火或爆炸等现象,试验后的绝缘电阻值不小于 100Ω/V

续表

项目	测试方法	安全要求
过放电保护	1. 测试对象为蓄电池系统 2. 具体测试步骤参考 GB/T 31467.3—2015 中 7.16 过放电保护	电池管理系统起作用,蓄电池系统无喷气、外壳破裂、着火或爆炸等现象,试验后的绝缘电阻值不小于 100Ω/V

注：主要参考 GB/T 31467.3—2015，GB/T 2423.43—2008，GB/T 2423.56—2006 及 GB/T 28046.1—2011。

二、动力电池基本测试评价

动力电池的测试评价应根据电性能、环境适应性、安全保护性能及安全要求这四个方面全面开展，同时以安全性作为否决项，对动力电池进行全面评价。将各指标计算得到的结果进行数量级的统一化，利用层次分析法确定每个指标对应的调节系数，建立一个偏差最小和评价值最大的评价模型。

动力电池基本测试评价指标体系满分为 100 分，其中电性能、环境适应性、安全保护性能和安全要求占比分别为 43％、18％、11％、28％，如图 2-1 所示。

试验结果分为 A、B、C、D 四档，对应的分值分别为 5 分、4 分、3 分和 0 分（见表 2-3），试验项目中的分项得分出现 0 分即为否决项，总分在 90～100 分为优、80～90 分为良、60～80 分为合格、60 分以下为不合格。计算公式为

$$C = f\Sigma NS$$

式中　C——总得分；

　　　f——当评级为 D 级或危险级别为 L1～L7 级时，$f=0$；当评级为 A～C 级或危险级别为 L0 级时，$f=1$；

　　　N——各级别对应分数；

　　　S——调节系数。

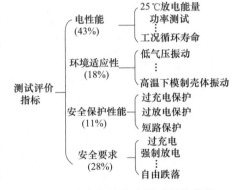

图 2-1　动力电池基本测试评价指标

表 2-3　评分标准

级别	分项分值	级别	分项分值
A 级	5 分	C 级	3 分
B 级	4 分	D 级	0 分

1. 电性能

电性能的评价指标见表 2-4。

表 2-4　电性能的评价指标

项目	测试方法	测试内容	调节系数
25℃放电能量	充电后，搁置 0.5～1h，在(25±2)℃的环境温度下以 I_3[①](A)电流恒流放电。当有 2 次电池包或电池系统容量相差小于 2％时，停止	实际放电能量(W·h)/额定能量(W·h)	0.3
		电池包或电池系统质量比能量(W·h/kg)	0.15
		电池包或电池系统体积比能量(W·h/L)	0.15

续表

项目	测试方法	测试内容	调节系数
功率测试	充电后,以 I_3(A)电流恒流放电调整 SOC 至 80%,以 I_{cmax} 充电 10s,计算充电 10s 的平均功率。调整 SOC 至 20%,以 I_{dmax} 放电 18s,计算 18s 的平均功率	10s 再生充电平均功率(W)/规定的 10s 再生充电平均功率值(W)	0.3
		18s 放电平均功率(W)/规定的 18s 放电平均功率值(W)	0.15
		10s 再生充电比功率(W/kg)	0.15
欧姆内阻	充电后,在(25±2)℃的环境温度下放置 1h 后,分别在 100% SOC、50% SOC、20% SOC 时以 $3I_3$(A)电流放电 5s 后停止放电,采集截断电流前电压、截断电流后 10ms 时的电压,计算欧姆内阻值为 $R_{dc}=U_a/3I_3(\Omega)$	欧姆内阻(mΩ)/规定值(mΩ)	0.1
		K 值②	0.4
充电特性	在(25±2)℃下以 $1I_3$(A)恒流放电。分别在 0℃、20℃、40℃ 环境温度下搁置至热平衡,以 $1I_3$(A)进行恒流充电 充电后,在(25±2)℃下搁置至热平衡,以 $1I_3$(A)放电 完成 $1I_3$(A)充电后,再将充电电流设定为 $3I_3$(A)、I_{max}(A),重复上述过程	0℃,$1I_3$ 放电能量(W·h)/初始放电能量(W·h)	0.1
		0℃,$3I_3$ 放电能量(W·h)/初始放电能量(W·h)	
		20℃,$1I_3$ 放电能量(W·h)/初始放电能量(W·h)	0.1
		20℃,$3I_3$ 放电能量(W·h)/初始放电能量(W·h)	
		20℃,I_{max} 放电能量(W·h)/初始放电能量(W·h)	
		40℃,$1I_3$ 放电能量(W·h)/初始放电能量(W·h)	0.1
		40℃,$3I_3$ 放电能量(W·h)/初始放电能量(W·h)	
放电特性	充电后,在(25±2)℃下以 $3I_3$ 恒流放电,然后测试不同倍率($6I_3$、I_{dmax})下的放电性能 在 55℃ 环境下搁置至热平衡,以 $1I_3$(A)进行恒流放电,测试高温放电性能 在 −20℃ 环境温度下搁置至热平衡,以 $1I_3$(A)进行恒流放电,测试低温放电性能	−20℃,$1I_3$ 放电能量(W·h)/初始放电能量(W·h)	0.1
		25℃,$3I_3$ 放电能量(W·h)/初始放电能量(W·h)	
		25℃,$6I_3$ 放电能量(W·h)/初始放电能量(W·h)	0.1
		25℃,I_{cmax} 放电能量(W·h)/初始放电能量(W·h)	
		45℃,$1I_3$ 放电能量(W·h)/初始放电能量(W·h)	0.1
		45℃,$3I_3$ 放电能量(W·h)/初始放电能量(W·h)	
荷电保持能力及容量恢复	充电后,在环境温度(25±2)℃下,开路放置 28 天,以 I_3(A)恒流放电至放电 经荷电保持试验后的电池包或电池系统以 I_3(A)恒流放电	荷电保持实际放电能量(W·h)/初始放电能量(W·h)	0.15
		容量恢复实际放电能量(W·h)/初始放电能量(W·h)	0.15
		10s 再生充电平均功率(W)/10s 初始充电平均功率(W)	0.15
		18s 放电峰值功率(W)/18s 初始放电平均功率(W)	0.15
储存	储存前将荷电状态设置为 50% SOC,在环境温度(25±5)℃、相对湿度 45%RH~90%RH 的环境中储存 3 个月。期满后取出电池包或电池系统,充满电放置 1h 后,以 I_3(A)恒流放电	实际放电能量(W·h)/初始放电能量(W·h)	0.3
		10s 充电平均功率(W)/10s 初始充电平均功率(W)	0.15
		18s 放电峰值功率(W)/18s 初始放电平均功率(W)	0.15
55℃ 搁置	荷电状态设置为(50±5)% SOC,在环境温度(55±2)℃下搁置 7 天。7 天后在(25±2)℃下搁置 2~5h。以 I_3(A)将电池模块放电,0.5h 后充电,静置 0.5h,再以 I_3(A)恒流放电,以此放电能量作为恢复能量。以上步骤为 1 周循环,直至某周恢复能量低于初始能量的 80% 试验结束	8 周后实际放电能量(W·h)/初始放电能量(A·h)	0.3
		10s 再生充电平均功率(W)/10s 初始充电平均功率(W)	0.15
		18s 放电峰值功率(W)/18s 初始放电平均功率(W)	0.15

续表

项目	测试方法	测试内容	调节系数
循环寿命	充电后搁置0.5h,以$1.5I_3$(A)电流放电。搁置0.5h,进行下一个充放电循环,直至连续两次放电能量低于初始能量的93%结束	240次循环后循环实际放电能量(W·h)/初始放电能量(W·h)	0.4
		240次循环后10s充电平均功率(W)/初始10s充电平均功率	0.4
		240次循环后18s放电平均功率(W)/初始18s放电平均功率	0.4
45℃加速循环寿命	在(45±2)℃条件下,电池以$3I_3$(A)恒流充电,电池端电压达到充电截止电压时,改为恒压充电,充电电流小于或等于$0.2I_3$(A)时停止充电,搁置0.5h,以$3I_3$(A)电流放电至终止电压,搁置0.5h,再进行下一个充放电循环,直至连续两次放电能量低于初始能量的93%结束	100次循环后实际放电能量(W·h)/初始放电能量(W·h)	0.4
		100次循环后10s充电平均功率(W)/初始10s充电平均功率	0.4
		100次循环后18s放电平均功率(W)/初始18s放电平均功率	0.4
工况循环寿命	按标准方法充电,用主放电工况直到最低电池电压,每天循环22h后,"主放电工况"结束;静置2h,每周循环7天	2400次循环后实际放电能量(W·h)/初始放电能量(W·h)	0.5
		2400次循环后10s充电平均功率(W)/初始10s充电平均功率	0.25
		2400次循环后18s放电平均功率(W)/初始18s放电平均功率	0.25

① I_3 即 3 小时率,指电池电量在3h内刚好放完时所对应的放电电流。
② 定义 $R=K(U/C)$,其中 R 为欧姆内阻,K 为欧姆内阻系数 (mΩ/[V/(A·h)]),U 为总电压 (V),C 为容量 (A·h)。推荐电池包或电池系统的欧姆内阻系数为15mΩ/[V/(A·h)]。
注:cmax的角标中,c表示充电;dmax的角标中,d表示放电。

2. 环境适应性

危险级别见表2-5。环境适应性评价标准见表2-6。

表 2-5 危险级别

危害级别	描述	归类及判断标准	级别	分项分值
L0	无反应或主动保护装置起作用	未变形、未漏液、未破裂、未排气、未冒烟、未起火、未解体、未爆炸,仍可使用	A级	5
L1	被动保护装置起作用	未变形、未漏液、未破裂、未排气、未冒烟、未起火、未解体、未爆炸,被动保护装置需要维护后可使用		
L2	变形	外观、形状发生变化		
L3	漏液、破裂	有电解液流出;电池壳体产生破裂。重量损失小于测试样品重量的10%		
L4	排气	通过安全阀、壳体裂口释放内部压力,有气体或电解液喷出。质量损失介于测试样品质量的10%~20%	D级	0
L5	冒烟	通过安全阀、壳体裂口喷出含固体颗粒、雾化电解液的烟气。质量损失大于测试样品质量的20%		
L6	起火	测试样品的任何部位产生明火(持续时间长于1s)		
L7	解体、爆炸	测试样品的外壳猛烈破裂伴随响声并且主要成分抛射出来		

表 2-6 环境适应性评价标准

项目	测试方法	测试内容	调节系数
低气压	充电后,在(25±2)℃下,放置在真空箱中。关闭真空箱,逐渐减小内部气压至不高于 11.6kPa 并保持 6h	试验后放电能量(W·h)/初始放电能量(W·h)	0.4
		试验后欧姆内阻(mΩ)/初始欧姆内阻(mΩ)	0.1
		危险级别(应不高于 L0)	0.1
振动	充电后,在振动台面上进行振动试验。频率 5～55Hz,加速度 $3g$,x、y、z 每个方向扫频循环次数为 10 次,扫频速率为 1oct/min	试验后放电能量(W·h)/初始放电能量(W·h)	0.4
		试验后欧姆内阻(mΩ)/初始欧姆内阻(mΩ)	0.1
		危险级别(应不高于 L0)	0.1
温度冲击	在(75±2)℃下搁置 4h,在 30min 内降温至(25±5)℃并恒温 2h,再在 30min 内降温至(−20±2)℃并恒温 4h,在 30min 内升温至(25±5)℃并恒温冲击 2h,连续 4 次重复以上步骤为一个循环。10 个循环后,在(25±5)℃的环境温度下将电池包或电池系统搁置 7 天	试验后放电能量(W·h)/初始放电能量(W·h)的比值	0.4
		试验后欧姆内阻(mΩ)/初始欧姆内阻(mΩ)	0.1
		危险级别(应不高于 L0)	0.1
恒定湿热	充电后,在(40±2)℃,相对湿度 90%～95%的恒温恒湿箱中放置 24h,取出后在(25±5)℃温度下放置 1h	试验后放电能量(W·h)/初始放电能量(W·h)	0.4
		试验后欧姆内阻(mΩ)/初始欧姆内阻(mΩ)	0.1
		危险级别(应不高于 L0)	0.1
高温下模制壳体应力	充电后,在(70±2)℃的恒温箱中放置 7h,取出电池组并恢复至室温	试验后放电能量(W·h)/初始放电能量(W·h)	0.4
		试验后欧姆内阻(mΩ)/初始欧姆内阻(mΩ)	0.1
		危险级别(应不高于 L0)	0.1

3. 安全保护性能

安全保护性能的评价标准见表 2-7。

表 2-7 安全保护性能的评价标准

项目	测试方法	测试内容	调节系数
过充电保护	充电后,在(25±5)℃下接恒压恒流源,电压设为标称电压的 2 倍,电流 $1.5I_3$(A),持续给电池系统充电	危险级别(应不高于 L0)	0.6
过放电保护	在(25±5)℃下,以 $1I_3$(A)恒流放电,电池系统接恒流源,电流设为 I_3(A),用电源持续给电池系统放电	危险级别(应不高于 L0)	0.6
短路保护	充电后,在主动保护和被动保护均起作用的情况下,以线路总电阻不大于 50mΩ 短路电池系统的正、负极直至电池系统保护功能起作用	危险级别(应不高于 L1)	0.6

4. 安全要求

安全要求的评价标准见表 2-8。

表 2-8 安全要求的评价标准

项目	测试方法	测试内容	调节系数
过充电	在(25±5)℃下,以 $3I_3$(A)恒流充电,待电压至上限电压的 150%后转为恒压充电,直到充电时间到 90min 或发生阻止过充电试验继续进行的事件	危险级别(应不高于 L5)	0.6

续表

项目	测试方法	测试内容	调节系数
强制放电	在(25±5)℃下,以$1I_3$(A)恒流放电至终止电压,然后以$1I_3$(A)电流对电池进行反向充电,直至充电时间达到60min或发生阻止强制放电试验继续进行的事件	危险级别(应不高于L5)	0.6
外部短路	在(25±5)℃下,以外部线路电阻小于5mΩ的回路将测试样品正负极短路20min或电池表面温度稳定时停止短路	危险级别(应不高于L6)	0.6
针刺	在(25±5)℃下。用φ8的耐高温钢针从垂直于单体电池排列的方向贯穿3个以上的串联电池,10min后拔出钢针,持续观察30min或电池表面温度稳定时停止试验	危险级别(应不高于L6)	0.6
挤压	在(25±5)℃下,按照以下方法进行 (1)挤压力:方法1,以1000倍电池模块或电池包重量的力进行挤压,但最大不超过500kN;方法2,不限制挤压力,将电池模块或电池包挤压变形达到30% (2)挤压方向:在整车布置上最容易受到碰撞的方向,如果该方向不可获得,以垂直于电池排列方向进行挤压 (3)挤压头结构:参考QC/T 743—2006	危险级别(应不高于L6)	0.6
高温烘烤	放入高温防爆箱中,以(5±2)℃/min升温速率升温至130℃,在该温度下放置60min 电池包放入高温防爆箱中,以(5±2)℃/min升温速率升温至130℃,该温度下放置60min	危险级别(应不高于L2)	0.6
机械冲击	在(25±5)℃下,电池包在三个互相垂直的方向上各承受一次等值的冲击。至少要保证一个方向与电池包或电池系统的宽面垂直 每次冲击按下述方法进行:在最初的3ms内,最小平均加速度为75g,峰值加速度介于125g~175g	危险级别(应不高于L2)	0.6
自由跌落	充电后,将电池包由高度(最低点高度)为600mm的位置自由跌落到水泥地面上20mm厚的硬木板上,从x,y,z三个方向各一次	危险级别(应不高于L2)	0.6

第二节　动力电池测试设备简介

电池检测仪器主要包括电池充放电性能试验台（充放电设备、温度测量设备、内阻检测设备）、环境模拟试验系统（温度、湿度、振动、温度冲击）、电池安全性检验设备（挤压试验机、针刺试验机、冲击试验机、跌落试验机）等。

一、充放电性能试验台

1. 充放电性能检测设备

电池充放电性能检测是最基本的性能检测,一般由充放电单元和控制程序单元组成,可以通过计算机远程控制动力电池恒压、恒流或设定功率曲线进行充放电。通过电压、电流、温度传感器可进行相应的参数测量以及获得动力电池容量、能量、电池组一致性等评价参数。

一般试验设备按照功率和电压等级分类,以适应不同电压等级和功率等级的动力电池及电池组性能测试需要。

例如,通用的电池单体测试设备,一般选择工作电压范围0～5V,工作电流范围0～100A,可满足多数车用动力电池基本性能测试的基本要求。对于大功率电池组的基本性能测试,电压范围需要根据电池组的电压范围进行选择,常用的通用测试设备要求在0～500V,功率上限在150～200kW。

图2-2为某公司研制的大型动力电池组充放电测试设备以及试验中的充放电测试设备。

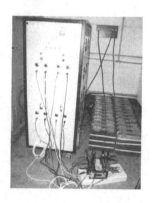

图2-2　大型动力电池组充放电测试设备以及试验中的充放电测试设备

2. 内阻检测设备

电池内阻作为二次测量参数,测试方法包括方波电流法、交流电桥法、交流阻抗法、直流伏安法、短路电流法和脉冲电流法等。直流伏安法比较简单,并且在工程实践中比较常用。该方法是通过对电池进行瞬间大电流(一般为几十安培到上百安培)放电,测量电池上的瞬间电压降,通过欧姆定律计算出电池内阻。交流法通过对电池注入一个低频交流电流信号,测出蓄电池两端的低频电压和流过的低频电流以及两者的相位差,从而计算出电池的内阻。现在设备厂家研制生产的电池内阻测试设备多是采用交流法为基础进行的测试。

图2-3和表2-9是典型的内阻测试仪及其参数。

表2-9　内阻测试仪的参数

参数名称	内阻	电池电压
测量范围	0～999.99mΩ	0～9.99V
最小测量分辨率	0.001mΩ	0.01V

3. 温度测量设备

电池在充放电过程中的温度升高是重要的参数之一,但一般的测试只能测量电池壳体的典型位置参数,一般在充放电的设备上带有相应的温度采集系统,具有进行充放电过程温度数据同步的功能。除此之外,专业

图2-3　内阻测试仪

的温度测试设备还包括非接触式测温仪以及热成像仪。热成像仪可以采集电池一个或多个表面温度的变化历程,并可以提取典型的测量点的温度变化数据,是进行电池温度场分析的专业测量设备。非接触式测温仪以及热成像仪分别如图2-4和图2-5所示。

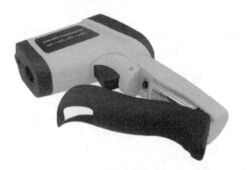 

图 2-4　非接触式测温仪　　　　　　　图 2-5　热成像仪

二、环境模拟试验系统

动力电池常用的应用环境模拟包括温度、湿度以及在车辆上应用时随道路情况变化而出现的振动环境。因此,在环境试验方面主要考虑这三个方面。可采用独立的温度试验箱、湿度调节试验箱、振动试验台进行相关的单一因素影响的动力电池环境模拟试验。但在实际的动力电池应用工况下,是三种环境参数的耦合,因此,在环境模拟方面有温、湿度综合试验箱以及温、湿度和振动三综合试验台。为考核电池对温度变化的适应性,还需要设计温度冲击试验台,进行快速变温情况下电池的适应性试验。电池三综合试验台及温度冲击试验箱如图 2-6 所示。

图 2-6　电池三综合试验台及温度冲击试验箱

三、电池安全性检验设备

电池滥用试验设备是模拟电池在车辆碰撞、正负极短路、限压限流失效等条件下,是否会出现着火、爆炸等危险状况的试验设备。针刺试验机、冲击试验机、跌落试验机、挤压试验机等可以模拟车辆发生碰撞事故时,电池可能出现的损伤形式;短路试验机、被动燃烧试验平台等可以模拟电池被极端滥用情况下可能出现的损伤形式;采用充放电试验平台可以进行电池过充或过放等滥用测试。电池滥用试验设备如图 2-7 所示。

(a) 电池短路试验机　　　　　　(b) 电池冲击试验机　　　　　(c) 电池被动燃烧试验平台

图 2-7　电池滥用试验设备

第三章　电动汽车电池电源

第一节　铅酸蓄电池

自 1859 年法国科学家普兰特（Plante）发明了铅酸蓄电池，多年来铅酸蓄电池历经了许多重大的改进，由于制造工艺及相关配套技术成熟，且具有价格便宜、规格齐全、原料易得、使用可靠、温度特性好、可大电流放电等优点，因此在许多领域里得到了广泛应用。在此主要针对新能源汽车所用的铅酸蓄电池予以介绍。

一、铅酸蓄电池的分类及型号

铅酸蓄电池是指正极活性物质使用二氧化铅，负极活性物质使用海绵状铅，并以硫酸溶液为电解液的蓄电池。铅酸蓄电池主要用在低速电动汽车上。

1. 铅酸蓄电池的基本分类

铅酸蓄电池分为免维护铅酸蓄电池和阀控密封式铅酸蓄电池。

（1）免维护铅酸蓄电池。免维护铅酸蓄电池由于自身结构上的优势，电解液的消耗量非常小，在使用寿命内基本不需要补充蒸馏水，它具有耐振、耐高温、体积小、自放电小的特点。使用寿命一般为普通铅酸蓄电池的 2 倍，市场上的免维护铅酸蓄电池也有两种：第一种是在购买时一次性加电解液以后使用中不需要添加补充液；另一种是电池本身出厂时就已经加好电解液并封死，用户根本就不能加补充液。

（2）阀控密封式铅酸蓄电池。阀控密封式铅酸蓄电池在使用期间不用加酸加水维护，电池为密封结构，不会漏酸，也不会排酸雾。电池盖子上设有溢气阀（也叫安全阀），其作用是当电池内部气体量超过一定值，即当电池内部气压升高到一定值时，溢气阀自动打开排出气体，然后自动关闭，防止空气进入电池内部。

阀控密封式铅酸蓄电池分为玻璃纤维（AGM）电池和胶体（GEL）电池两种。AGM 电池采用吸附式玻璃纤维棉作隔膜，电解液吸附在极板和隔膜中，电池内无流动的电解液，电池可以立放工作，也可以卧放工作；GEL 电池以二氧化硅（SiO_2）作凝固剂，电解液吸附在极板和胶体内，一般立放工作。无特殊说明，皆指 AGM 电池。

电动汽车使用的动力电池一般是阀控密封式铅酸蓄电池。

2. 铅酸蓄电池的型号含义

铅酸蓄电池是采用稀硫酸作电解液，用二氧化铅和绒状铅分别作为电池的正极和负极的酸性蓄电池。它通常按用途、结构和维护方式来分类，实际上我国铅酸蓄电池产品型号的中间部分就包含其类型。通常铅酸蓄电池型号用三段式来表示：第一段用数字表示串联的单体电池数，第二段用两组字母分别表示其用途和特征，第三段用数字表示额定容量。如型号 6DAW150 表示为由 6 个单体电池串联组合（通常单体电池电压为 2.0V）成为额定电压 12V，用于电动道路车辆的干荷电式、免维护及额定容量为 150Ah 的蓄电池。其中特征就是按其结构和维护方式来划分的。表 3-1 中列出了铅酸蓄电池型号中表示用途和特征的两组拼音字母含义。

表 3-1 铅酸蓄电池型号中表示用途和特征的两组拼音字母含义

表示蓄电池用途		表示蓄电池特征	
字母	含　义	字母	含　义
Q	启动用（启动发动机，要求大电流放电）	A	干荷电式（极板处于干燥的荷电状态）
G	固定用（固定设备中作保护等备用电源）	F	防酸式（电池盖装有防酸栓）
D	电池车（作牵引各种车辆的动力电源）	FM	阀控式（电池盖设有安全阀）
N	内燃机车（用于内燃机车启动和照明等）	W	无需维护（免维护或少维护）
T	铁路客车（用于车上照明等电器设备）	J	胶体电解液（电解液使用胶状混合物）
M	摩托车用（摩托车启动和照明）	D	带液式（充电态带电解液）
KS	矿灯酸性（矿井下照明等）	J	激活式（用户使用时需激活方式激活）
JC	舰船用（潜艇等水下作业设备）	Q	气密式（盖子的注酸口装有排气栓）
B	航标灯（航道夜间航标照明）	H	湿荷式（极板在电解液中浸渍过）
TK	坦克（用于坦克启动及其用电设备）	B	半密闭式（电池槽半密封）
S	闪光灯（摄像机等用）	Y	液密式

二、铅酸蓄电池的工作原理

铅酸蓄电池放电和充电的反应过程，是铅酸蓄电池活性物质进行可逆化学变化的过程。它们可以用下列化学反应方程式表示为

$$PbO_2 + 2H_2SO_4 + Pb \rightleftharpoons 2PbSO_4 + 2H_2O$$

铅酸蓄电池在放电时，化学反应由左向右进行，其相反的过程为充电过程的化学反应。

放电时，负极板中的每个铅分子从硫酸电解液中吸收一个硫酸根离子组成硫酸铅，自己却放出两个电子送到正极板；正极板的二氧化铅在吸收电子的同时，自硫酸电解液中吸收一个硫酸根离子化合成硫酸铅，并放出两个氧离子；电解液中硫酸的一个分子被铅吸收一个硫酸根离子后余下两个氢离子，当二氧化铅放出两个氧离子时，就和这四个氢离子自动结合成两个水分子。所以在放电时电解液中水的成分增加，而硫酸的成分减少。

充电时，负极板的硫酸铅自电源中取得两个电子后就放出一个硫酸根离子于电解液中，

而自己变为铅；正极板中的硫酸铅则放出两个氧气，自己变为二氧化铅；负极板放出的一个硫酸根离子与正极板放出的一个硫酸根离子和电解液中剩下的四个氢离子化合成两个硫酸分子。所以在充电时电解液中的水分逐渐减少而硫酸的成分逐渐增加。

由于铅酸蓄电池在放电时其 H_2SO_4 的浓度会逐渐减小，因此，可以用比重计来测定硫酸的密度，再由铅酸蓄电池电解液密度确定铅酸蓄电池电解液的放电程度。单体铅酸蓄电池的电压为2V，在使用或存放一段时间后，当电池电压降低到1.8V以下，或 H_2SO_4 溶液的密度下降到 $1.2g/cm^3$ 时，铅酸蓄电池就必须充电，如果电压继续下降，则铅酸蓄电池将可能损坏。

三、铅酸蓄电池的结构组成

汽车所用的普通铅酸蓄电池如前面蓄电池构造所述，正负极板浸入稀硫酸电解液中成为单体电池。每个单体电池的标称电压为2V，为增加铅酸电池的容量，一般由多块极板组成极群，即多块正极板和多块负极板分别用连接条（汇流排）焊接在一起，共同组成电池（Battery）。新能源汽车的辅助电源及传统内燃机汽车用的12V铅酸启动电池就是由6个独立的铅酸电池单体组成的，而新能源汽车的动力电池组则为多个电池以多种方式组合成的大容量电池。铅酸蓄电池的构造如图3-1所示。

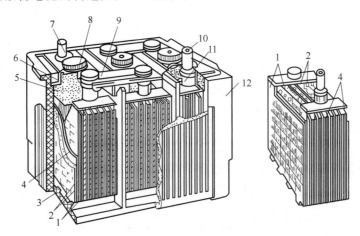

图 3-1 铅酸蓄电池的构造

1—正极板；2—负极板；3—肋条；4—隔板；5—护板；6—封料；7—负极柱；8—加液口盖；
9—电极连接条；10—正极柱；11—极柱衬套；12—蓄电池容器

1. 极板

极板是电池的基本部件，它的作用是接收充入的电能和向外释放电能。极板由栅架和活性物质组成，分为正极板和负极板，如图3-2所示。正极板上的活性物质是棕红色的二氧化铅（PbO_2），负极板上的活性物质是青灰色的海绵状纯铅（Pb）。蓄电池的极板栅架如图3-3所示，一般由铅锑合金铸成，其作用是固结活性物质。为了降低蓄电池的内阻、改善蓄电池的启动性能，有些铅蓄电池采用了放射型栅架结构，如图3-3（b）所示。

将正、负极板各一片浸入电解液中，可获得2V左右的电动势。为了增大蓄电池的容量，常将多片正、负极板分别并联，组成正、负极板组，如图3-4所示。在每个单格电池中，正极板的片数要比负极板少一片，这样每片正极板都处于两片负极板之间，可使正极

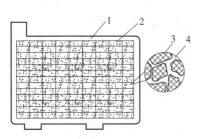

图 3-2 蓄电池的极板结构

1—栅架；2—活性物质；3—颗粒；4—孔隙

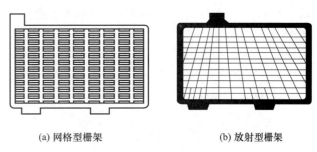

(a) 网格型栅架　　(b) 放射型栅架

图 3-3 蓄电池的极板栅架

板两侧放电均匀，避免因放电不均造成极板拱曲。

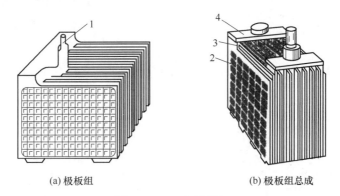

(a) 极板组　　(b) 极板组总成

图 3-4 正、负极板组

1—极柱；2—极板；3—隔板；4—横板

2. 隔板

隔板放置在正、负极板之间，以避免其接触而短路。隔板一面平整，一面有沟槽，沟槽应面对着正极板且与底部垂直，以便充放电时电解液能通过沟槽及时供给正极板，当正极板上的活性物质二氧化铅脱落时能迅速通过沟槽沉入容器底部。

3. 电解液

电解液由纯净硫酸和蒸馏水按一定比例配制而成，也叫稀硫酸。蓄电池的电解液密度一般为 $1.24\sim1.30 g/cm^3$。电解液的密度对蓄电池的工作有重要影响，密度大，可减少结冰的危险并提高蓄电池的容量，但密度过大，则黏度大，反而会降低蓄电池的容量，缩短其使用寿命。使用时，电解液的密度应根据地区、气候条件和制造厂家的要求而定。

4. 外壳

蓄电池每组极板所产生的电动势大约为 2V。要想获得更高的电动势，通常要将多组极板串联起来。因此，在制造蓄电池外壳时，将一个电池外壳分成若干个单格，每个单格的底部制有凸筋，用来搁置极板组，如图 3-5 所示。凸筋之间的空隙可以积存极板的脱落物质，防止正、负极板短路。

各单格电池之间采用铅质连接条串联起来，分为传统内部穿壁式连接、跨越式连接和外露式连接三种方式，如图 3-6 所示。目前，蓄电池采用内部穿壁式或跨越式连接方式。内部穿壁式连接方式是在相邻单格电池之间的间壁上打孔使连接条穿过，将两个单格电池的极板组极柱连接在一起。跨越式连接是在相邻单格电池之间的间壁上边留有豁口，连接条通过豁口跨越间壁将两个单格电池的极板组极柱连接，所有连接条均布置在整体盖的下面。

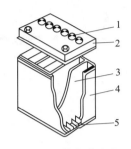

图 3-5 蓄电池外壳

1—注入口；2—盖；3—隔板；
4—蓄电池壳体；5—凸筋

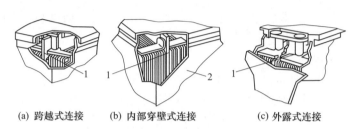

(a) 跨越式连接　(b) 内部穿壁式连接　(c) 外露式连接

图 3-6 连接单格电池的三种方式

1—间壁；2—外壳

加液孔用来向蓄电池单格内加注电解液或蒸馏水，加液孔盖上有通气小孔，以保证蓄电池内部压力与大气压力的平衡。

第二节　锂离子电池

锂离子电池是 1990 年由日本索尼公司首先推向市场的新型高能蓄电池。与其他蓄电池比较，锂离子电池具有电压高、质量能量密度高、充放电寿命长、无记忆效应、无污染、快速充电、自放电率低、工作温度范围宽和安全可靠等优点。相比于镍氢电池，电动汽车采用锂离子电池，可使电池组的质量下降 40%～50%，体积减小 20%～30%，能源效率也有一定程度的提高。所以锂离子电池逐渐成为电动汽车动力电池的首选。如图 3-7 所示。

图 3-7　常见的锂离子电池

一、锂离子电池的分类与特点

1. 锂离子电池的分类

（1）按电解质材料分类：根据所用电解质材料的不同，锂离子电池可以分为聚合物锂离子电池和液态锂离子电池。

（2）按正极材料分类：根据正极材料的不同，锂离子电池可以分为锰酸锂离子电池、磷酸铁锂离子电池、镍钴锂离子电池以及三元（镍钴锰）材料锂离子电池。目前应用广泛的是锰酸锂离子电池、磷酸铁锂离子电池和三元锂电池。

（3）按外形分类：根据外形形状的不同，锂离子电池可以分为方形锂离子电池和圆柱形锂离子电池。

2. 普通锂离子电池的特点

单体电池工作电压高达 3.7V，是镍-镉电池、镍-氢电池的 3 倍，铅酸蓄电池的 2 倍；重量轻；比能量大，高达 150W·h/kg，是镍-氢电池的 2 倍、铅酸电池的 4 倍，因此重量是相同能量的铅酸电池的 1/4～1/3；体积小，高达 400W·h/L，是铅酸电池的 1/3～1/2；提供了合理的结构和更美观的外形设计条件、设计空间；循环寿命长，以容量保持 60% 计，电池组 100% 充放电循环次数可以达到 600 次以上，使用年限可达 3～5 年，寿命为铅酸电池的 2～3 倍；自放电率低，每月不到 5%；允许工作温度范围宽，锂离子电池可在 -20～55℃ 条件下工作；无记忆效应，所以每次充电前无须像镍-镉电池、镍-氢电池一样放电，可以随时随地进行充电；电池充放电深度对电池的寿命影响不大，可以全充全放；无污染，锂离子电池中不存在有毒物质，因此被称为"绿色电池"，而铅酸蓄电池和镍-镉电池由于存在有害物质铅和镉，故环境污染问题严重。

二、锂离子电池的基本结构

根据锂离子电池所用电解质材料不同，可以分为液态锂离子电池和聚合物锂离子电池两大类。它们的主要区别在于电解质不同，液态锂离子电池使用的是液体电解质，而聚合物锂离子电池则以聚合物电解质来代替。不论是液态锂离子电池还是聚合物锂离子电池，它们所用的正负极材料都是相同的，工作原理也基本一致。液态锂离子电池的负极材料采用碳材料，主要有石墨、微珠碳、石油焦、碳纤维、裂解聚合和裂解碳等；正极材料主要有 $LiCoO_2$、$LiNiCoMnO_2$、$LiMn_2O_4$ 等，其中 $LiCoO_2$ 应用较为广泛，可逆性、放电容量、充放电率、电压稳定性等性能均较好。电解质为液态，其溶剂为无水有机物。隔膜采用聚烯类多孔膜，如 PE、PP 或复合膜。外壳采用钢或铝材料，盖体组件具有防焊、断电的功能。聚合物锂离子电池又称为高分子锂电池，属第二代锂离子电池。聚合物锂离子电池由多层薄膜组成，第一层为金属箔集电极，第二层为负极，第三层为固体电解质，第四层为正极，第五层为绝缘层。负极采用高分子导电材料、聚乙炔、人造石墨、聚苯胺或聚对苯酚等，正极采用 $LiCoO_2$、$LiNiCoMnO_2$\$LiMn_2O_4$ 和 $LiFePO_4$ 等；电解质为胶体电解质如有机碳酸酯混合物等。下面把锂离子电池的几种典型正极材料的特性比较列于表 3-2 中。

表 3-2 锂离子电池典型正极材料的特性比较

项　　目	钴酸锂 $LiCoO_2$	镍钴锰 $LiNiCoMnO_2$	锰酸锂 $LiMn_2O_4$	磷酸铁锂 $LiFePO_4$
振实密度/(g/cm³)	2.8～3.0	2.0～2.3	2.2～2.4	1.0～1.4
比表面积/(m²/g)	0.4～0.6	0.2～0.4	0.4～0.8	12～20
克容量/(mA·h/g)	135～140	155～165	100～115	130～140
电压平台/V	3.6	3.5	3.7	3.2
原料、成本	贫乏,很高	贫乏,高	丰富,较低	非常丰富,低廉
安全性能	差	较好	良好	优秀
适用领域	小电池	小电池/小型动力电池	动力电池	动力电池/超大容量电源

锂离子电池正、负极及电解质材质上的差异使其具有不同的性能，尤其是正极材料对

电池的性能影响最大。锂离子电池有方形和圆柱形两种,其结构主要由正极、负极、隔板、电解液和安全阀等组成,如图3-8所示。

1. 正极

锂离子电池正极是在正极活性物质中加入导电剂、树脂黏合剂,并涂覆在铝基体上,呈细薄层分布。正极活性物质在锰酸锂离子电池中以锰酸锂为主要原料,在磷酸铁锂离子电池中以磷酸铁锂为主要原料,三元材料锂离子电池以镍钴锰锂为主要材料。

2. 负极

锂离子电池负极是由碳材料与黏合剂的混合物再加上有机溶剂调和制成糊状的负极活性物质涂覆在铜基上,呈薄层状分布。

3. 隔板

隔板用于关闭或阻断通道,一般用聚乙烯或聚丙烯材料制成的微多孔膜。可以在电池出现异常温度上升(如外部短路引起过大电流)、阻塞或阻断作为离子通道的细孔时,使蓄电池停止充放电反应。

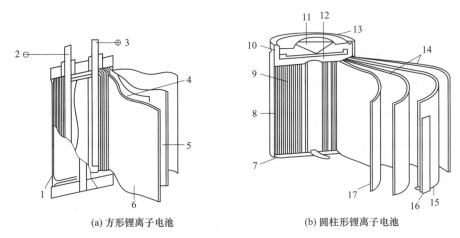

图3-8 锂离子电池结构示意

1—外壳;2—负极端子;3—正极端子;4,14—隔板;5,16—负极板;6,17—正极板;
7,9—绝缘体;8—负极柱;10—密封圈;11—顶盖;12—正极;13—安全排气阀;15—负极

4. 电解液

电解液能影响锂离子的倍率放电性能和安全性。为了使主要电解质成分锂盐溶解,需采用高电容率且与锂离子相容性好的溶剂,以不阻碍离子移动的低黏度有机溶液为宜,另外鉴于锂离子电池的工作特性,其电解液还需具备凝固点低、沸点高、有良好的化学稳定性等条件。由于单一溶剂很难满足上述条件,因此锂离子电池的电解液一般为几种不同性质的溶剂的混合,例如高功率锂离子蓄电池采用的是以$LiPF_6$为电解质盐、以碳酸乙烯酯(EC)和直链碳酸酯组成的混合溶剂为电解液。

5. 安全阀

为了保证锂离子电池的使用安全性,一般通过对外部电路的控制或者在蓄电池内部设有异常电流切断的安全装置。即使这样,在使用过程中也有可能有其他原因引起蓄电池内压异常上升,这时,安全阀释放气体,以防止蓄电池破裂。安全阀实际上是一次性非修复式的破裂膜,用以保护蓄电池使其停止工作,是蓄电池的最后保护手段。

三、锂离子电池的工作原理

以两种不同的、能够可逆地插入及脱出锂离子的嵌锂化合物，分别作为电池正、负极的二次电池即为锂离子电池。锂离子电池是由锂原电池改进而来的。锂原电池的正极材料是二氧化锰 MnO_2 或亚硫酰氯 $SOCl_2$，负极是锂，电池组装完成后无需充电即有电压，这种电池虽也可充电，但循环性能不好，在充放电循环过程中容易形成锂枝晶，造成电池部短路，所以这种电池是不允许充电使用的。日本索尼公司在 1991 年研发成功了以碳材料为负极的锂离子电池，它可进行可逆反应，不过该反应不再是一般电池中的氧化-还原反应，而是锂离子在充放电过程中可逆地在化合物晶格中嵌入和脱出反应。当对电池进行充电时，电池的正极上有锂离子生成，生成的锂离子经过电解液运动到达负极。而作为负极的碳呈层状结构，它有很多微孔，到达负极的锂离子就嵌入到碳层的微孔中，嵌入的锂离子越多，充电容量越高。同样，当对电池进行放电时，嵌在负极碳层中的锂离子脱出，又运动回到正极，回正极的锂离子越多，放电容量越高。在充放电过程中，锂离子如同一把摇椅在正、负极两个电极之间往返嵌入和脱出，因此锂离子电池也被形象地称为"摇椅式电池"。锂离子电池的电极反应表达式分别为

正极反应式：
$$LiMO_2 \underset{\text{放电}}{\overset{\text{充电}}{\rightleftharpoons}} Li_{1-x}MO_2 + xLi^+ + xe$$

负极反应式：
$$nC + xLi^+ + xe \underset{\text{放电}}{\overset{\text{充电}}{\rightleftharpoons}} Li_xC_x$$

电池反应式：
$$LiMO_2 + nC \underset{\text{放电}}{\overset{\text{充电}}{\rightleftharpoons}} Li_{1-x}MO_2 + Li_xC_n$$

式中，M 为 Co、Ni、W、Mn 等金属元素。

锂离子电池的工作原理，即为其充放电原理，如图 3-9 所示。当对电池进行充电时，

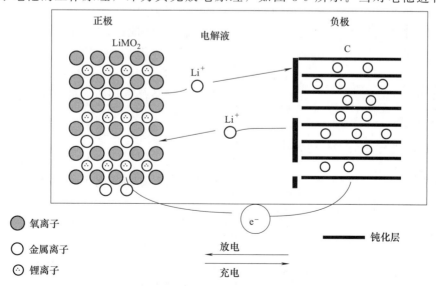

图 3-9 锂离子电池工作原理

电池的正极材料的晶格中有锂离子脱出,脱出的锂离子经过电解液和隔膜运动到负极。而作为负极的锂-碳层间化合物呈层状结构,有很多微孔,到达负极的锂离子就嵌入到微孔中,嵌入的锂离子越多,充电容量越高。

放电则正好相反,锂离子从负极脱出,通过电解液和隔膜,嵌入到正极材料晶格中。整个充放电过程中,锂离子往返于正负极之间。如果把锂离子电池比喻为一把摇椅,摇椅的两端为电池的两极,而锂离子就在摇椅的两端来回奔跑。所以,锂离子电池又被称为摇椅式电池。

由于锂离子电池只涉及锂离子而不涉及金属锂的充放电过程,从根本上解决了由于锂枝晶的产生而带来的电池循环性和安全性的问题。

四、典型锂离子电池

锂离子电池内部主要由正极、负极、电解质及隔膜组成。正、负极及电解质材料及工艺上的差异使电池有不同的性能,并且有不同的名称。目前市场上的锂离子电池正极材料主要是钴酸锂($LiCoO_2$),另外还有少数采用锰酸锂($LiMn_2O_4$)及镍酸锂($LiNiO_2$)的,一般将后两种正极材料的锂离子电池称为"锂锰电池"及"锂镍电池"。新开发的磷酸铁锂动力电池是用磷酸铁锂($LiFePO_4$)材料做电池正极,它是锂离子电池家族的新成员。下面主要介绍钴酸锂电池、锰酸锂电池、磷酸铁锂电池以及镍钴锰酸锂三元材料电池的工作原理、特点以及放电特性。

(一)钴酸锂电池

目前用量最大、使用最普遍的锂离子电池是钴酸锂电池,其结构稳定,比容量高,综合性能突出,但是其安全性差,成本非常高,主要用于中小型号电芯,标称电压为3.7V。其理论容量为274mA·h/g,实际容量为140mA·h/g左右,也有报道实际容量已达155mA·h/g。

1. 钴酸锂电池的工作原理

图3-10所示为钴酸锂电池的工作原理,实验证明,钴酸锂($LiCoO_2$)电池在正常充电结束后(即充电至截止电压为4.2V左右),$LiCoO_2$正极材料中的Li还有剩余。此时若发生过充电等异常情况,$LiCoO_2$正极材料中的Li^+将会继续脱嵌,游向负极,而此时负极材料中能容纳Li^+的位置已被填满,故Li^+只能以金属的形式在其表面析出,聚结成锂枝晶,埋下了使电池内部短路的安全隐患。

其充电反应式为

$$LiCoO_2 \longrightarrow 0.5Li+Li_{0.5}CoO_2$$

2. 钴酸锂电池的特点

(1)主要优点:工作电压较高(平均工作电压为3.7V),充放电电压平稳,适合大电流充放电,比能量高,循环性能好,电导率高,生产工艺简单,容易制备等。

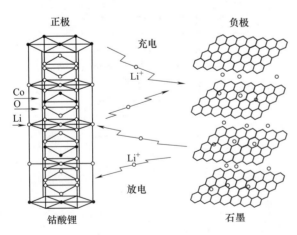

图3-10 钴酸锂电池的工作原理

(2) 主要缺点：价格昂贵，抗过充电性较差，循环性能有待进一步提高。

3. 钴酸锂电池的放电特性及寿命

图 3-11 所示为钴酸锂电池在不同放电率时的放电特性曲线。最小的放电率是 $1C$，最大的放电率是 $30C$。6 种不同的放电率形成对比组成一组放电曲线。随着放电率的增加，放电初期电压下降速度加快且不平稳。

图 3-12 所示为钴酸锂电池 18B 全电池循环曲线，由图中可以看出电池的循环性能比较好，当其经过 200 周后，电池容量保持率还很高，大约为 95%。

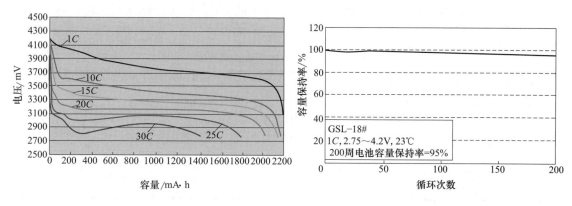

图 3-11 钴酸锂电池放电特性曲线　　　图 3-12 钴酸锂电池 18B 全电池循环曲线

（二）锰酸锂电池

合成性能好、结构稳定的正极材料锰酸锂是锂离子蓄电池电极材料的关键，锰酸锂是较有前景的锂离子正极材料之一，但其较差的循环性能及电化学稳定性却大大限制了其产业化，掺杂是提高其性能的一种有效方法。掺杂有强 M—O 键、较强八面体稳定性及离子半径与锰离子相近的金属离子，能显著改善其循环性能。

1. 锰酸锂电池的工作原理

图 3-13 所示为锰酸锂电池的工作原理，电池在充电时，锂离子从正极材料的晶格中脱出，通过电解液和隔膜嵌入到负极中；放电时，锂离子从负极脱出，通过电解液和隔膜嵌入到正极材料晶格中。其电极反应式如下所述。

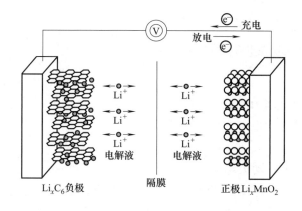

图 3-13 锰酸锂电池的工作原理

正极：
$$Li_{1-x}Mn_2O_4 + xLi^+ + xe^- \rightleftharpoons LiMn_2O_4$$

负极：
$$Li_xC \rightleftharpoons C + xLi^+ + xe^-$$

电池：
$$Li_{1-x}Mn_2O_4 + Li_xC \rightleftharpoons LiMn_2O_4 + C$$

2. 锰酸锂电池的主要性能

表3-3所示为锰酸锂电池的主要性能参数。表中给出了电池的最高、最低电压以及额定电压的数值，电池的容量以及电池在充放电时的最大电流、过充过放电压等性能参数值。

表3-3 锰酸锂电池的主要性能参数

性能参数	数值	性能参数	数值
最高电压/V	4.2	最低电压/V	2.75
额定电压/V	3.7	容量/A·h	10
最大充电电流/A	5	最大放电电流/A	18
过充电保护电压/V	4.25	过放电保护电压/V	2.45
放电保护电流/A	20		

3. 锰酸锂电池的特点

（1）优点：安全性略好于镍钴锰酸锂三元材料；电压平台高，1C放电中值电压为3.8V左右，10C放电中值电压在3.5V左右；电池低温性能优越；对环境友好；成本低。

（2）缺点：电池高温循环性能差；极片压实密度低于三元材料，只能达到3.0g/cm³左右；锰酸锂电池比容量低，一般只有105mA·h/g左右；循环性能比三元材料差。

4. 锰酸锂电池的放电特性及寿命

图3-14所示为某锰酸锂电池在不同放电率时的放电特性曲线。最小的放电率是0.5C，最大的放电率是20C，4种不同的放电率形成一组放电曲线。随着放电率的增加，放电初期电压下降速率加快，放电平台电压下降，这是因为随着放电电流的增加、电池欧姆压降升高所致。

图3-15所示为锰酸锂体系电池在10C放电时的循环寿命曲线。

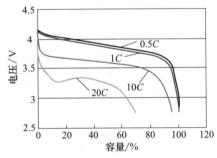

图3-14 某锰酸锂电池在不同放电率时的放电特性曲线

图3-16所示为锰酸锂体系电池在不同温度下10C放电曲线，其温度范围为-10～55℃。从图中可以看出，在低温（-10℃）放电时有一个明显的低头，直接影响电池在低温下的放电性能。

（三）磷酸铁锂电池

磷酸铁锂（LiFePO₄）动力电池是以磷酸铁锂作为正极材料的锂离子电池，虽在2002年出现，但从目前各种锂离子电池的性能对比可以看出，磷酸铁锂电池是目前最适合于新能源汽车产业化运用的锂离子电池，中国汽车技术发展报告（2014—2015）中的数据显示，2013年磷酸铁锂电池装车总容量为$82.1×10^4$kW·h，占各类型电池装车总量的95%。

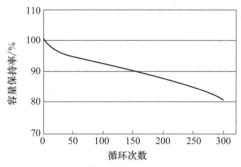

图 3-15 锰酸锂体系电池在 10C 放电时的循环寿命曲线

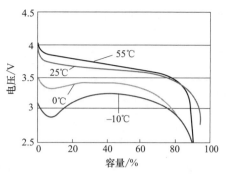

图 3-16 锰酸锂体系电池在不同温度下 10C 放电曲线

1. 磷酸铁锂电池的结构与工作原理

磷酸铁锂电池的结构与工作原理如图 3-17 所示。$LiFePO_4$ 作为电池的正极，由铝箔电池正极接线柱连接，中间是聚合物的隔膜，它把正极与负极隔开，锂离子（Li^+）可以通过而电子（e^-）不能通过；由碳（石墨）组成的电池负极，由铜箔与电池的负极线柱连接。电池的上下端之间是电解质，电池由金属外壳密闭封装。磷酸铁锂电池在充电时，正极中的锂离子通过聚合物隔膜向负极迁移；放电过程中，负极中的锂离子通过隔膜向正极迁移。锂离子电池就是因锂离子在充放电时来回迁移而命名的。锂离子电池的特点是充、放电时，只是锂离子在两极之间移动，电解液不发生变化。

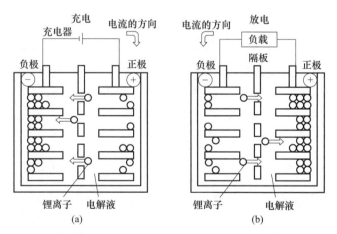

图 3-17 磷酸铁锂电池的结构和工作原理

如图 3-17（a）所示，在充电时，锂化合物正极材料中的锂离子通过隔板移动到作为负极的炭精材料的层间，形成充电电流；如图 3-17（b）所示，在放电时，负极炭精材料层间的锂离子通过隔板移动到锂化合物正极材料中，形成放电电流。

2. 磷酸铁锂电池主要性能

磷酸铁锂电池的标称电压是 3.2V，终止充电电压是 3.6V，终止放电电压是 2.0V。由于各个生产厂家采用的正、负极材料及电解质材料的质量及工艺不同，其性能上会有些差异。例如，同一种型号（同一种封装）的标准电池，其电池的容量有较大差别（10%～20%）。

磷酸铁锂动力电池主要性能列于表 3-4。为了与其他可充电电池进行比较，也在表中列出了其他可充电电池的性能。这里要说明的是，不同工厂生产的磷酸铁锂动力电池在各项性能参数上会有一些差别；另外，有一些电池性能未列入，如电池内阻、自放电率、充放电温度等。

表 3-4　磷酸铁锂动力电池与其他可充电电池的性能比较

性能 \ 电池种类	单位或测试条件	一般锂离子电池	锂离子动力电池	磷酸铁锂动力电池	镍氢电池
标准电压	V	3.6 或 3.7	3.6 或 3.7	3.2	1.2
电压工作范围	V	3.0～4.2	3.0～4.2	3.0～3.3	1.0～1.4
单位质量容量	mA·h/g	180	130	130	80
单位质量能量	Wb/kg	90～110	60～75	60～75	50～60
单位体积能量	Wb/L	280～300	220～240	220～240	200～220
最佳充电率	C	0.2～0.5	0.5～1.0	1.5～1.5	0.2～0.5
工作放电率	CmA	1	2	2	0.5
最大放电率	CmA	1.5	5	10	2
瞬间大电流脉冲	CmA(10A)	2	10	20	2
循环寿命	1CmA 充电 2CmA 放电	60% 100 次	85% 300 次	>95% 500 次	<50% 50 次
大电流放电时循环寿命	1CmA 充电 5CmA 放电	—	60% 300 次	>80% 300 次	<50% 10 次
安全	—	有可能不燃烧,不爆炸	有可能燃烧,爆炸	不燃烧,不爆炸	有可能燃烧
零电压储存 30 天	—	泄漏、损伤	泄漏、损伤	无损伤	泄漏、损伤

磷酸铁锂动力电池的容量有较大差别，可以分成 3 类：小型电池的容量为零点几到几毫安，中型的为几十毫安，大型的为几百毫安。不同类型电池的同类参数也有一些差异。这里再介绍一种目前应用较广的小型标准圆柱形封装的磷酸铁锂动力电池的参数。其外廓尺寸：直径为 18mm，高 650mm（型号为 STL18650），其参数性能见表 3-5。

表 3-5　小型标准圆柱形封装的磷酸铁锂动力电池的参数

性能参数	参数值	性能参数	参数值
典型容量/mA·h	1000～1400	一般充电电流/C	0.2～0.5
标称电压/V	3.2	最大放电电流/C	5～10
终止充电电压/V	3.6±0.05	一般放电电流/C	0.5～1
终止放电电压/V	2.0	工作温度范围/℃	充电：0～45 放电：-20～60
内阻/mΩ	30～80		
最大充电电流/C	1～1.5		

3. 磷酸铁锂电池的特点

磷酸铁锂电池有以下特点。

① 高效率输出。标准放电为 $2C$～$5C$，连续高电流放电可达 $10C$，瞬间脉冲放电（10s）可达 $20C$。

② 高温时性能良好。外部温度 65℃时内部温度则高达 95℃，电池放电结束时温度可

达160℃。

③ 电池的安全性好。即使电池内部受到伤害，电池也不燃烧、不爆炸，安全性好。

④ 经500次循环，其放电容量仍大于95%。

⑤ 过放电到0V也无损坏。

⑥ 对环境无污染。

⑦ 可快速充电。

⑧ 成本低。

4. 典型的放电特性及寿命

一种型号为STL18650的磷酸铁锂动力电池（容量为1100mA·h）在不同放电率时的放电特性如图3-18所示。最小的放电率为0.5C，最大的放电率为10C，5种不同的放电率形成一组放电曲线。由图3-18可看出，不管哪一种放电率，其放电过程中的电压都是很平坦的（即放电电压平稳，基本保持不变），只有快到终止放电电压时，曲线才向下弯曲（放电量达到800mA·h以后才出现向下弯曲）。在0.5C～10C的放电率范围内，输出电压大部分在2.7～3.2V内变化，这说明该电池有很好的放电特性。

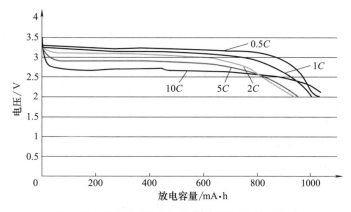

图3-18 STL18650在不同放电率时的放电特性

容量为1000mA·h的STL18650在不同的温度条件下（-20～40℃）的放电曲线如图3-19所示。在23℃时放电容量为100%，在0℃时的放电容量降为78%，在-20℃时降到65%，在40℃放电时其放电容量略大于100%。

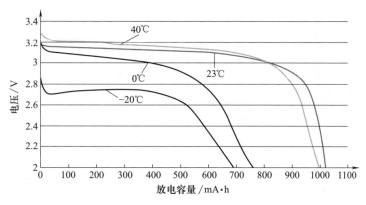

图3-19 STL18650在不同的温度条件下的放电曲线

从图 3-19 中可看出，STL18650 磷酸铁锂电池可以在 -20℃下工作，但输出能量要降低 35% 左右。

STL18650 的充放电循环寿命曲线如图 3-20 所示。其充放电循环的条件是：以 1C 充电率充电，以 2C 放电率放电，历经 570 次充放电循环。从图 3-20 的特性曲线可看出，在经过 570 次充放电循环后，其放电容量未变，说明该电池有很高的寿命。

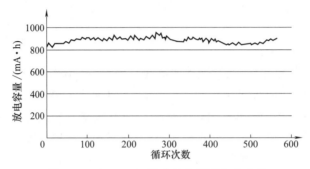

图 3-20　STL18650 的充放电循环寿命曲线

（四）镍钴锰酸锂三元材料电池

镍钴锰酸锂三元电池融合了钴酸锂电池和锰酸锂电池的优点，在小型低功率电池和大功率动力电池上都有应用。但该种电池的材料之一——钴是一种贵金属，价格波动大，对钴酸锂的价格影响较大。钴处于价格高位时，三元材料价格较钴酸锂低，具有较强的市场竞争力；但钴处于低价位时，三元材料相较于钴酸锂的成本优势就大大减小。随着性能更加优异的磷酸铁锂的技术开发，三元材料大多被认为是磷酸铁锂未大规模生产前的过渡材料。

1. 镍钴锰酸锂电池的特点

（1）优点：镍钴锰酸锂材料比容量高，电池循环性能好，10C 放电循环可以达到 500 次以上；高低温性能优越；极片压实密度高，可以达到 $3.4g/cm^3$ 以上。

（2）缺点：电压平台低，1C 放电中值电压为 3.66V 左右，10C 放电平台在 3.45V 左右；电池安全性能相对差一点；成本较高。

2. 镍钴锰酸锂电池的放电特性及寿命

图 3-21 所示为镍钴锰酸锂三元材料电池在不同放电率时的放电特性曲线。最小的放电率是 $0.5C$，最大的放电率是 $20C$，4 种不同的放电率形成一组放电曲线。

图 3-22 所示为三元材料电池 10C 放电循环曲线。

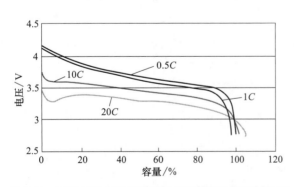

图 3-21　三元材料电池在不同放电率时的放电特性曲线

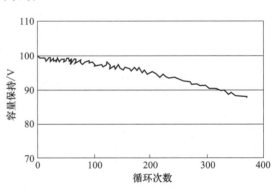

图 3-22　三元材料电池 10C 放电循环曲线

如图 3-23 所示为三元材料电池在不同温度下的放电曲线，其温度范围是 -10~55℃。从图中可以看出，在低温 (-10℃) 放电时有一个明显的低头，直接影响电池在低温下的放电性能，可见其低温性能不好。

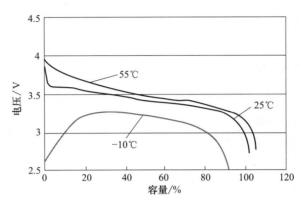

图 3-23 三元材料电池在不同温度下的放电曲线

最后，给出钴酸锂电池、镍钴锰酸锂电池、锰酸锂电池以及磷酸铁锂电池的性能以及应用领域的对比，见表 3-6。

表 3-6 钴酸锂电池、镍钴锰酸锂电池、锰酸锂电池以及磷酸铁锂电池的性能及应用领域对比

性能	钴酸锂($LiCoO_2$)	镍钴锰酸锂($LiNiCoMnO_2$)	锰酸锂($LiMn_2O_4$)	磷酸铁锂($LiFePO_4$)
振实密度/(g/cm^3)	2.8~3.0	2.0~2.3	2.2~2.4	1.0~1.4
比表面积/(m^2/g)	0.4~0.6	0.2~0.4	0.4~0.8	12~20
克容量/(mA·h/g)	135~140	140~180	90~100	130~140
电压平台/V	3.7	3.5	3.8	3.2
循环次数	≥500 次	≥500 次	≥300 次	≥2000 次
过渡金属	贫乏	贫乏	丰富	非常丰富
原料成本	很高	高	低廉	低廉
环保	含钴	含镍、钴	无毒	无毒
安全性能	差	较好	良好	优秀
应用领域	中小电池	小电池、小型动力电池	动力电池、低成本电池	动力电池、超大容量电源

第三节 镍-氢电池

目前在美、日等发达国家的很多油电混合动力汽车均使用镍-氢 (NiMH) 电池组。镍-氢电池是由美国人斯坦福发明的，其正极材料是氢氧化镍 (NiOH)，负极则是金属氢化物，即储氢合金 (MH)，电解液是 30% 的氢氧化钾水溶液。这里所谓"储氢合金"是指具有很强吸收氢气能力的金属镍，其单位体积储氢的密度相当于储存 1000 个大气压的高压氢气。储氢合金能稳定地储气和放气，其工作原理是利用水的氢离子移动反应来获得电流，这时

氢气在负极上被逐渐消耗掉。其能量密度（电动汽车的续航能力）与普通的锂电池差距并不大，约为70～100W·h/kg。

镍-氢电池于20世纪90年代发展起来，目前技术较为成熟，具有安全性好、无污染、比能量高、快速充放电、循环寿命长等优势。但是其能量效率较低，所以目前在包括丰田普锐斯在内的混合动力汽车上使用广泛。

一、镍-氢电池的特点

镍-氢电池是一种碱性电池，标称电压为1.2V，比能量可达到70～80W·h/kg，有利于延长新能源汽车的行驶里程；比功率可达到200W/kg，是铅酸蓄电池的2倍，能够提高车辆的启动性能和加速性能；有高倍率的放电特性，短时间可以3C放电，瞬时脉冲放电率很大；过充和过放电性能好，能够带电充电，并可以快速充电，在15min内可充60%的容量，1h内可完全充满，应急补充充电的时间短；在80%的放电深度下，循环寿命可达到1000次以上，是铅酸电池的3倍；采用全封闭外壳，可以在真空环境中正常工作；低温性能较好，能够长时间存放；没有Pb和Cd等重金属元素，不会对环境造成污染；可以随充随放，不会出现其他电池在没有放完电后即充电而产生的"记忆效应"。

镍-氢电池用于新能源汽车，主要优点是：启动、加速性能好，一次充电后的行驶里程较长，不会对周围环境造成污染，易维护，快速补充充电时间短。

镍-氢电池在充电过程中容易发热，发热产生的高温会对镍-氢电池产生负面影响。高温状态下，正极板的充电效率较差，并会加速正极板的氧化，使电池寿命缩短。镍-氢电池在充电后期会产生大量的氧气，在高温环境条件下将加速储氢合金氧化，并使储氢合金平衡压力增加，使储氢合金的储氢量减少而降低镍-氢电池的性能。尼龙无纺布隔膜在高温作用下会发生降解和氧化。尼龙无纺布隔膜发生降解时，会产生氨根离子和硝酸根离子，加速了镍-氢电池的自放电；尼龙无纺布隔膜发生氧化时，氧化成碳酸根，使镍-氢电池的内阻增加。在镍-氢电池充电的过程中，电池温度迅速升高，会使充电效率降低，并产生大量氧气，如果安全阀不能及时开启，会有发生爆炸的危险。

在镍-氢电池的制造技术上进行一些改进，例如，正极板采用多极板技术而负极板采用端面焊接技术，在电解液中适当加入LiOH和NaOH，采用抗氧化能力强的聚丙烯毡做隔膜等，可以有效地提高镍-氢电池的耐高温能力。在镍-氢动力电池组的单体镍-氢电池之间，加大散热间隙，采取有效的散热措施和建立自动热管理系统，以保证镍氢电池正常工作并延长使用寿命。

镍-氢电池的成本很高，达600～800美元/(kW·h)。不同的储氢合金具有不同的储氢能力，价格也不相同。我国自行研制了稀土系的储氢合金，已达到世界先进水平，为我国生产镍-氢电池提供了有利条件。目前高档电动车多采用镍-氢电池或锂离子电池。

二、镍-氢电池的结构原理

镍-氢电池是一种碱性蓄电池，其结构如图3-24所示，主要由正极、负极、分离层、外壳、电解液等组成。镍-氢电池正极是活性物质氢氧化镍，负极是储氢合金，分离层是隔膜纸，用氢氧化钾作为电解质，在正、负极之间有分离层，共同组成金属氢化物镍单体电池。在金属铂的催化作用下，完成充电和放电的可逆反应。在圆柱形电池中，正、负极用隔膜纸分开卷绕在一起，然后密封在金属外壳中。在方形电池中，正、负极由隔膜纸分开后叠成层状密封在外壳中。

电动汽车用镍-氢蓄电池的基本单元是单体电池，按使用要求组合成不同电压和不同电荷量的镍-氢蓄电池总成，如图3-25所示。

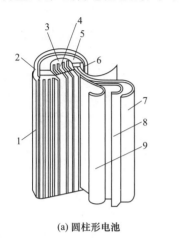
(a) 圆柱形电池

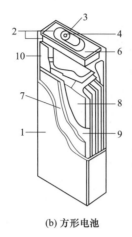
(b) 方形电池

图3-24 镍-氢电池的结构
1—盒子（－）；2—绝缘衬垫；3—盖帽（＋）；4—安全排气口；
5—封盘；6—绝缘圈；7—负极；8—隔膜；9—正极；10—绝缘体

图3-25 电动汽车用镍-氢蓄电池总成

镍-氢电池正极是活性物质氢氧化镍，负极是储氢合金，用氢氧化钾作为电解质，在正、负极之间有隔膜，共同组成镍-氢单体电池，在金属铂催化作用下，完成充电和放电的可逆反应。在电池充电过程中，水在电解质溶液中分解为氢离子和氢氧离子，氢离子被负极吸收，负极由金属转化为金属氢化物；在放电过程中，氢离子离开了负极，氢氧离子离开了正极，氢离子和氢氧离子在电解质氢氧化钾中结合成水并释放电能。

镍-氢电池的正极是球状氧化镍粉末与添加剂、塑料和黏合剂等制成的涂膏，用自动涂膏机涂在正极板上，然后经过干燥处理成发泡的氢氧化镍正极板。在正极材料 $Ni(OH)_2$ 中添加 Ca、Co、Zn 或稀土元素，对稳定电极性能有明显的改进。采用高分子材料作为黏合剂，或用挤压和轧制成的泡沫镍电极，并采用镍粉、石墨等作为导电剂时，可以提高大电流时的放电性能。

镍-氢电池负极的关键技术是储氢合金，要求储氢合金能够稳定地经受反复的储气和放气循环。储氢合金是一种允许氢原子进入或分离多金属合金的晶格基块，是由钛-钒-锆-镍-铬（Ti-V-Zr-Ni-Cr）五种基本元素，并与钴、锰等金属烧结的合金，其经过加氢、粉碎、成形和烧结成负极板。储氢合金的种类和性能，对镍-氢电池的性能有直接的影响。负极在充电或放电过程中既不溶解，也不结晶，电极不会有结构性的变化，在保持自身化学功能的同时，还保证了本身的机械坚固性。储氢合金一般需要进行热处理和表面处理，以增加储氢合金的防腐性能，这有利于提高镍-氢电池的比能量、比功率和使用寿命。

镍-氢电池的特征与镍-镉电池基本相同，但氢气是没有毒性的物质，无污染，安全可靠，使用寿命长，而且不需要补充水分。镍-氢电池正常充、放电时的化学反应式如下：

正极反应：

$$NiOOH + H_2O + e^- \rightleftharpoons Ni(OH)_2 + OH^-$$

负极反应：

$$MH+OH^- \rightleftharpoons M+H_2O+e^-$$

电池总反应：

$$NiOOH+MH \underset{\text{充电}}{\overset{\text{放电}}{\rightleftharpoons}} Ni(OH)_2+M$$

镍-氢电池充、放电反应机理如图3-26所示。

镍-氢电池的极板有发泡体和烧结体两种，发泡体极板的镍-氢电池在出厂前必须进行预充电，且放电电压不能低于0.9V，工作电压也不太稳定，特别是在存放一段时间后，会有近20%的电荷流失，老化现象比较严重。为避免发泡镍、氢电池老化造成内阻增高，镍-氢电池在出厂前必须进行预充电，使其电压平衡、稳定，具有低温放电性能好、不易老化和寿命长的优点。

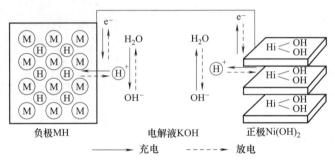

图3-26 镍-氢电池充、放电反应机理

镍-氢电池的基本单元是单体电池，每个单体电池都由正极板、负极板及装在正极板和负极板之间的隔板组成。其外形有圆形和方形两种，每节电池的额定电压为13.2V（充电时最大电压16.0V），然后将电池按使用要求组合成不同电压和不同容量的镍-氢电池总成（电池组）。该种镍-氢电池的比能量可达到70W·h/kg，能量密度达到165W·h/L，比功率在50%的放电深度下为220W/kg，在80%的放电深度下为200W/kg。

本田 Insight 镍-氢电池组如图3-27所示。电池系统是由原新能源汽车电池改良而成的，电池组置于行李舱底板，由120个松下1.2V镍氢电池组成，串联合计电压为144V，支持电流输入50A、输出100A，系统限制容量可采用4A·h，以延长电池寿命。新Insight搭载1.3L发动机。本田研发的经济油耗驾驶辅助系统能够有效提高燃油经济性，起步和加速时电动系统自动调节功率输出，从而实现混合动力模式百公里理想油耗4.34L，二氧化碳排放量低于100g/km。纯电动模式下，该车能达到50km/h，适合城市路况。

图3-28所示为普锐斯汽车的镍-氢电池组，重53.3kg，由28组松下棱柱镍-氢电池模块构成，每个模块又分别载有6个1.2V电池，总计168个电池，串联标称电压合计201.6V，比上一代的38组228个电池有所减少。

图3-27 本田 Insight 镍-氢电池组

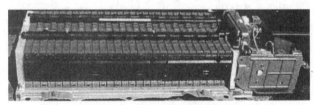

图3-28 普锐斯镍-氢电池组

三、镍-氢电池的技术要求

镍-氢电池的技术要求分为单体蓄电池的要求和蓄电池模块的要求。单体蓄电池是构成蓄电池的最小单元,一般由正极、负极及电解质等组成,其标称电压为电化学偶的标称电压;蓄电池模块是指一组相连的单体蓄电池的组合。

1. 对金属氢化物镍单体蓄电池的要求

(1) 外观。在良好的光线条件下,用目测法检查单体蓄电池的外观,外壳不得有变形及裂纹,表面平整、干燥、无碱痕、无污物且标志清晰。

(2) 极性。用电压表检查蓄电池的极性时,电池极性应与标志的极性符号一致。

(3) 外形尺寸及质量。单体蓄电池的外形尺寸及质量应符合生产企业提供的技术条件。

(4) 室温放电容量。单体蓄电池按规定方法进行试验时,其放电容量应不低于额定容量,并且不超过额定容量的110%,同时所有测试对象初始容量极差不大于初始容量平均值的5%。

2. 对金属氢化物镍蓄电池模块的要求

(1) 外观。在良好的光线条件下,用目测法检查蓄电池模块的外观,外观不得有变形及裂纹,表面平整干燥、无外伤,且排列整齐连接可靠、标志清晰等。

(2) 极性。用电压表检查蓄电池模块的极性时,蓄电池极性应与标志的极性符号一致。

(3) 外形尺寸及质量。蓄电池模块的外形尺寸及质量应符合生产企业提供的技术条件。

(4) 室温放电容量。蓄电池模块按规定方法进行试验时,其放电容量应不低于额定值,并且不超过额定容量的110%,同时所有测试对象初始容量极差不大于初始容量平均值的7%。

(5) 室温倍率放电容量。按照厂家提供电池类型分别进行试验,高能量蓄电池模块按规定方法进行试验时,其放电容量应不低于初始容量的90%;高功率蓄电池模块按规定方法进行试验时,其放电容量应不低于初始容量的80%。

(6) 室温倍率充电性能。蓄电池模块按规定方法试验时,其放电容量应不低于初始容量的80%。

(7) 低温放电容量。蓄电池模块按规定方法试验时,其放电容量应不低于初始容量的80%。

(8) 高温放电容量。蓄电池模块按规定方法试验时,其放电容量应不低于初始容量的90%。

(9) 荷电保持与容量恢复能力。蓄电池模块按规定方法试验时,其室温荷电保持率应不低于初始容量的85%,高温荷电保持率应不低于初始容量的70%,容量恢复应不低于初始容量的95%。

(10) 耐振动性。蓄电池模块按规定方法进行耐振动性试验时不允许出现放电电流锐变、电压异常、蓄电池壳变形、电解液溢出等现象,并保持连接可靠、结构完好。

(11) 储存。蓄电池模块按规定方法试验时,容量恢复应不低于初始容量的90%。

(12) 安全性。蓄电池模块按规定方法进行短路、过放电、过充电加热、针刺、挤压等试验时,应不爆震、不起火、不漏液。

具体试验方法参照 GB/T 31486—2015《电动汽车动力蓄电池电性能要求及试验方法》

和 GB/T 31485—2015《电动汽车用动力蓄电池安全要求及试验方法》。

第四节 动力电池成组技术及一致性

一、动力电池成组技术

1. 动力电池成组技术简介

单体电池的容量和电压往往不能很好地满足汽车的实际需要，因此，电池多组合成电池组使用。电池组的组合方式因单体电池的排布和连接方式不同而有所不同，主要组合方式有串联、并联、串并结合三种方式。

（1）串联。电池串联方式（图 3-29）通常用于满足高电压的工作需要。电池串联使用时电池组电压为单体电池电压的倍数，n 只串联便能达到 n 倍电压，如电动自行车常用的 12V、12A·h 铅蓄电池的 12V 电压即为铅单体蓄电池 2V 的 6 倍，说明 12V 系列铅蓄电池是由 6 个单体串联组合而成的。

图 3-29 电池串联方式示意图

电池组的额定容量为单体电池的额定容量，若电池组中单体电池的容量不均匀，则电池组的额定容量取决于单体电池中容量最低者。

电池组的内阻理论上为单体电池的 n 倍，但通常都稍大于这一数值。

（2）并联。电池并联方式（图 3-30）通常用于满足大电流的工作需要。电池组的容量为单体电池容量的倍数，n 只并联便为 n 倍，如 3 只并联电池的容量即为单体电池的 3 倍。

电池组的标称电压为单体电池的标称电压，若电池组中单体电池的电压不均匀，则电池组的额定电压取决于单体电池中电压最低者。

电池组的内阻理论上为单体电池的 $1/n$，但通常都大于这一数值。

（3）串并结合。串并结合就是要求满足电池组既提供高电压又要有大电流放电的工作条件。先串后并（图 3-31）还是先并后串（图 3-32）取决于电池的实际需求，通常情况下电池并联的工作可靠性高于串联。

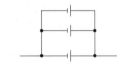
图 3-30 电池并联方式示意图

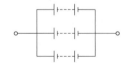
图 3-31 电池先串后并示意图

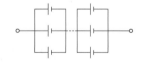
图 3-32 电池先并后串示意图

电池电压、容量的计算方法与上面介绍的相同。

2. 电池成组技术举例——镍-氢电池组

单体镍-氢电池结构都采用圆形卷绕或者方形平板设计，每个电池外部都具有独立的电池壳。当用于高功率动力系统时，需要进行组装，形成镍-氢电池组。在组装电池组时要保证每个子电池的容量和电阻互相匹配，防止电池单体之间的不平衡。同时还要做到绝缘，选择合适的包装材料。在设计和组装电池组时还要考虑到每个电池单体在充放电时的膨胀和收缩。另外，冷却系统也是电池组的一个重要组成部分。

根据外形的不同，电池组可分为 F 型和 L 型两种类型。在 F 型中单个电池沿着直径并排地排列在一起，彼此用镍条或钢片串联，并用热塑性材料固定起来。在 L 型中单个电池是沿着轴向串联起来的，并用热塑性材料固定。F 型和 L 型镍-氢电池组如图 3-33 所示。

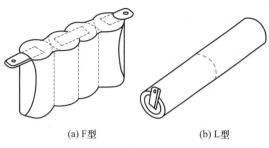

(a) F 型　　　　(b) L 型

图 3-33　F 型和 L 型镍-氢（MH/Ni）电池组示意图

图 3-34 所示为 F 型镍-氢电池组的基本结构，包括电热调节器、过电流保护装置、连接片等。

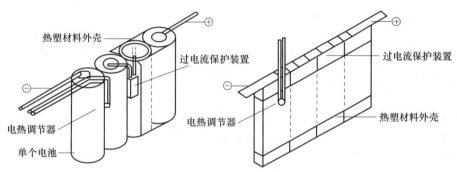

图 3-34　F 型镍-氢电池组的基本结构

二、动力电池一致性

电池一致性是指同一规格型号的单体电池组成电池组后，其电压、荷电量、容量及其衰退率、内阻及其变化率、寿命、温度影响、自放电率等参数存在一定的差别。不一致产生的原因主要有以下两个方面。

（1）在制造过程中，由于工艺上的问题和材质的不均匀，使得电池极板活性物质的活化程度和厚度、微孔率、连条、隔板等存在很微小的差别，这种电池内部结构和材质上的不完全一致性，就会导致同一批次出厂的同一型号电池的容量、内阻等参数不可能完全一致。

（2）在装车使用时，由于电池组中各个电池的温度、通风条件、自放电程度、电解液密度等差别的影响，导致在一定程度上增加的电池电压、内阻及容量等参数不一致。

1. 电池一致性的分类

根据使用中电池组不一致性扩大的原因和对电池组性能的影响方式，可以把电池的一致性分为容量一致性、电压一致性和内阻一致性。

（1）容量一致性。电池组在出厂前的分选试验可以保证单体初始容量一致性较好，也可以在使用过程中通过电池单体单独充、放电来调整单体初始容量，使之差异性较小，所以初始量不一致不是新能源汽车电池成组应用的主要矛盾。实际应用的容量一致性是指电池在放电过程中所剩余的电量不相等，对于电池剩余电量 C 可表示如下：

$$C = C_0 - \int I_b(t)\,\mathrm{d}t$$

上式表明电池组实际容量不一致主要与电池起始容量 C_0 和放电电流 I_b 有关。

电池起始容量受电池循环工作次数影响显著,越接近电池寿命周期后期,实际容量不一致就越明显。图 3-35 所示为某类型锂离子电池循环寿命对起始容量的影响特性,可以发现随着电池循环次数的增加,电池的起始容量减少,并且充电过程中恒压时间加长,同时电池在放出相同容量的电量时电压有所下降。例如,同样放出 40A·h 电量,同样的放电电流,循环 10 次时电池的放电电压是 3.7V,而循环 600 次时电池的放电电压是 3.5V,这主要是由于电池内阻随电池充放电次数的增多而增大所致。同时电池

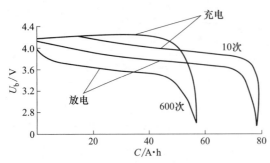

图 3-35 某类型锂离子电池循环寿命对起始容量的影响特性

起始容量还与电池容量衰减特性有关,受电池储存温度、电池荷电状态(SOC)等因素影响。表 3-7 所示为某类型锂离子电池容量衰减特性,从中可得出电池容量的衰减随着储存温度、储存荷电状态(SOC)的增大而加大,例如,SOC=100% 的电池在 40℃ 环境下保存 1 年后容量衰减 30%。

表 3-7 某类型锂离子电池容量衰减特性

温度 时间/年 SOC	20℃			40℃		
	0.25	0.5	1	0.25	0.5	1
0	0	0	0	0	0	0
50%	5%	6%	6%	6%	10%	11%
100%	11%	14%	17%	19%	26%	30%

电池组实际放电容量的不一致性还与电池放电电流有关。串联电池组由于流经电流相等,可认为对单体电池影响相同。但对于并联电池组,其模型简化表达如图 3-36 所示,电路方程如下

$$\sum E_{1i} - i_1 \sum r_{1i} = \sum E_{2i} - i_2 \sum r_{2i}$$

图 3-36 电池并联简化模型

假设并联电池组每个单体起始电动势 E 相等,但内阻值是不一样的,使得 $i_1 \neq i_2$,由电路方程式可知,电池组实际容量将出现差异。所以,在电池组实际使用过程中,容量不一致主要是电池初始容量不一致和放电电流不一致综合影响的结果。

(2)电压一致性。电压不一致的主要影响因素在于并联组中电池的互充电,当并联电池组中一节电池电压低时,其他电池将给此电池充电。并联电压不一致性如图 3-37 所示,设 V_1 的端电压低于 V_2 的端电压,则电流方向如图 3-37 所示,如同电池充电电路。

这种连接方式,低压电池容量小幅增加的同时高压电池容量急剧降低,能量将损耗在

互充电的过程中而达不到预期的对外输出。若低压电池和正常电池一起使用,将成为电池组的负载,影响其他电池的工作,进而影响整个电池组的寿命。所以,在电池组不一致明显增加的深放电阶段,不能再继续行车,否则会造成低容量电池过放电,影响电池组使用寿命。电池静态(电池静止1h以上)开路电压在一定程度上是电池 SOC 的集中表现。由于电池 SOC 在一定范围内还与电池开路电压

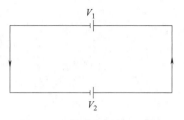

图 3-37 并联电压不一致性

呈线性关系,故开路电压不一致也在一定程度上体现了电池能量状态的不一致。

(3) 内阻一致性。电池内阻不一致使得电池组中每个单体在放电过程中热损失的能量各不相同,最终会影响电池单体能量状态。

① 串联组。串联组中电流相同,内阻大的电池,能量损失大,产生热量多,温度升高快。若电池组的散热条件不好,热量不能及时散失,电池温度将持续升高,可能导致电池变形甚至爆炸等严重后果。在充电过程中,由于内阻不同,分配到串联组每个电池的充电电压不同,将使电池充电电压不一致。随着充电过程的进行,内阻大的电池电压可能提前达到充电的最高电压极限。由此,为了防止内阻大的电池过充电和保证充电安全,不得不在大多数电池还未充满的情况下停止充电。

② 并联组。在放电过程中,内阻大的电池,电流小;反之,内阻小的电池,电流大。从而使电池在不同的放电率下工作,影响电池组的寿命。在充电过程中,由于内阻不同,分配到并联组的充电电流不同,所以相同时间内充电容量不同,即电池的充电速度不同,从而影响整个充电过程。在实际充电过程中,只能在防止充电快的电池过充和防止充电慢的电池充不满之间采取折中的方案。

2. 提高电池一致性的措施

电池组的一致性是相对的,不一致性是绝对的。电池的不一致性在生产阶段就已经产生了,在应用过程中,需要采取一定的措施,减缓电池不一致性扩大的趋势或速度。根据动力电池应用经验和试验研究,常采用以下 8 项措施,以保证电池组寿命逐步趋于单体电池的使用寿命。

(1) 提高电池制造工艺水平,保证电池出厂质量,尤其是初始电压的一致性。同一批次电池出厂前,以电压、内阻及电池转化成的数据为标准进行参数相关性分析,筛选相关性良好的电池,以此来保证同批电池的性能尽可能一致。

(2) 在动力电池成组时,务必保证电池组采用同一类型、同一规格、同一型号的电池。

(3) 在电池组使用过程中检测单电池参数,尤其是动、静态情况下(新能源汽车停驶或行驶过程中)电压的分布情况,掌握电池组中单电池不一致性的发展规律,对极端参数电池及时进行调整或更换,以保证电池组参数不一致性不随使用时间而增大。

(4) 对使用中发现的容量偏低的电池,进行单独维护性充电,使其性能恢复。

(5) 间隔一定时间对电池组进行小电流维护性充电,促进电池组自身的均衡和性能恢复。

(6) 尽量避免电池过充电,尽量防止电池深度放电。

(7) 保证电池组具有良好的使用环境,尽量保证电池组温度场均匀,减小振动,避免水、尘土等污染电池极柱。

(8) 采用电池组均衡系统,对电池组的充、放电进行智能管理。

第四章　动力电池管理系统

第一节　动力电池管理系统简介

电池管理系统，即 Battery Management System，简称 BMS，是电动汽车能量管理系统的核心，其主要任务是通过电压、电流及温度检测等功能实现对动力电池系统的各种控制、保护、故障报警及处理、与其他控制器通信功能等操作，保证电池安全可靠的使用，充分发挥电池的能力和延长使用寿命。

一、BMS 的基本功能

BMS 作为电池和整车控制器以及驾驶者沟通的桥梁，通过控制接触器控制动力电池组的充放电，并向 VCU 上报动力电池系统的基本参数及故障信息。其基本功能包括：数据采集、电池状态计算、能量管理、安全管理、热量管理、电压均衡控制及人机接口等，见表 4-1。

表 4-1　动力电池管理系统的基本功能

建立电池模型	—	描述电池参数的动态变化规律,用数学方程表达,用于动力电池系统仿真
数据检测及采集	集中式或分布式检测装置	单体电池电压、电流,动力电池组总电压、总电流检测和采集,控制均衡充放电策略
能量管理	电池管理器模块	根据电池的电压、电流,荷电状态 SOC 控制电池的充放电,防止过充和过放
状态估算	电池管理器模块	根据动力电池荷电状态 SOC 和 SOH 的算法,估算电池寿命(衰减)状态
热量管理	热量检测模块及传感器	冷却系统和冷却装置(风扇或液泵)检测及控制
数据处理与通信	串行通信接口,CAN 总线	单体电池采用串行通信接口,整车管理系统采用 CAN 总线
数据显示	仪表、显示器	动力电池组实现对电压、电流、SOC、剩余电量、温度等数据显示和故障报警等
安全管理	自动断电、报警	动力电池过充、过放、过压、过流、高温等危险状态自动切断电源、报警等

二、BMS 的结构组成

BMS 不仅要保证动力电池组工作在安全区间内，提供车辆控制所需的必需信息，在出现异常时及时响应处理，并根据环境温度、电池状态、车辆需求等决定电池的充放电功率等。以北汽 EV 系列的电池管理系统为例，该电池管理系统按性质可分为硬件和软件，按功能分为数据采集单元和控制单元。

BMS 的硬件主要包括主控盒、从控盒及高压控制盒，还包括采集电压线、电流、温度等数据的电子器件。图 4-1 所示为北汽 EV 系列 BMS 硬件的 3D 结构图。

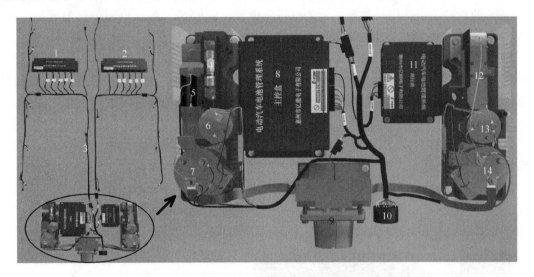

图 4-1　北汽 EV 系列电池管理系统硬件的 3D 结构图

1,2—BMS 电池管理系统；3—BMS 电源控制系统；4—加热熔断器；5—高压板；6—加热继电器；7—高压负极继电器；8—BMS 主控盒；9—动力电池箱插接口；10—动力电池低压控制信号插口；11—BMS 高压控制盒；12—预充电阻；13—预充电继电器；14—高压正极继电器

1. 高压盒

高压盒用于监控动力电池的总电压、总电流和绝缘性能。其主要功能如下。

（1）监控动力电池的总电压，包括主机电气内外四个监测点。

（2）检测充放电电流。

（3）监测高压绝缘性能。

（4）监控高压连接情况。

（5）将以上项目监控的数据反馈给主控盒。

2. 主控盒

主控盒是一个连接外部通信和内部通信的平台，其主要功能如下。

（1）接收从控盒反馈的实时温度和单体电压（并计算最大值和最小值）。

（2）接收高压盒反馈的总电压和电流情况。

（3）控制与整车控制器的通信。

（4）控制主正继电器。

（5）控制动力电池加热。

（6）控制充放电电流。

3. 从控盒

从控盒又称为电压和温度采集单元，它用来监控动力电池的单体电压和动力电池组的温度，其主要功能如下。

（1）监控每个单体电压，反馈给主控盒。

（2）监控每个动力电池组的温度，反馈给主控盒。

（3）电量（SOC）值监测。

（4）将以上项目监控到的数据反馈给主控盒。

BMS 的软件主要作用是监测电池的电压、电流、SOC 值、绝缘电阻值、温度值，通过与 VCU、充电机的通信，来控制动力电池系统的充放电。

4. 辅助元器件

主要包括动力电池系统内部的电子电器元件（如熔断器、继电器、分流器、接插件、紧急开关、烟雾传感器等）、维修开关以及电子电器元件以外的辅助元器件（如密封条、绝缘材料等）。

（1）电流传感器。电流传感器用来监测充、放电电流的大小，如图 4-2 所示。该电流传感器是一个霍尔式电流传感器。

霍尔元件是一种采用半导体材料制成的磁电转换器件，其原理如图 4-3 所示。霍尔电势 U_H 的大小和控制电流 I_C、磁通密度 B 的乘积呈正比，通过测量霍尔电势的大小，可以间接测量载流导体电流的大小。

图 4-2 电流传感器

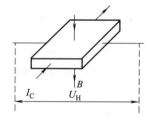

图 4-3 霍尔元件原理

（2）维修开关。电动汽车所用的大多是高于 300V 的高压电，如果电路出现过载或短路，容易引起电气元件的损坏，如果操作不当，更易酿成电击危险。维修开关安装在电路大电流主干线上，通常位于动力电池组箱体的中间位置，如图 4-4 所示。

维修开关是保证电动汽车高压电气安全的关键部件，在紧急情况或进行高压系统、动力电池维护维修保养等操作时，应将其断开，以保障维修人员的安全。

（3）熔断器。熔断器是为了保护高压系统的安全，当高压系统出现短路时，熔断器将会断开，维修开关内装有电压 500V（250A）熔断器，如图 4-5 所示。

（4）加热继电器和加热熔断器。加热继电器和加热熔断器用于动力电池热管理系统。加热熔断器与加热膜片串接在一起，加热继电器受 BMS 控制，在温度低于设定值时接通，对动力电池系统进行加热，如图 4-6 所示。

5. 继电器集成器

继电器集成器将高压正极继电器、高压负极继电器、预充电继电器和预充电阻进行了

图 4-4　维修开关

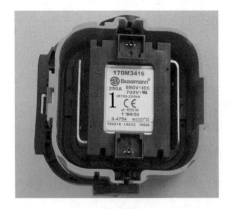

图 4-5　熔断器

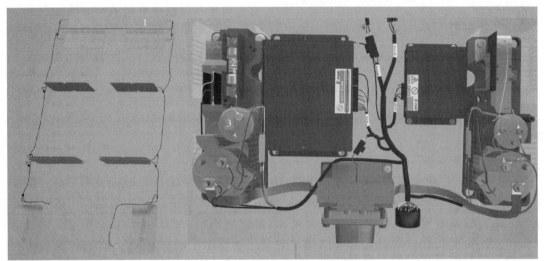

图 4-6　加热继电器和加热熔断器

1—加热膜片；2—加热熔断器；3—加热继电器

集成，如图 4-7 所示。

图 4-7　继电器集成器

1—预充电阻；2—高压正极继电器；3—预充电继电器；4—高压负极继电器

高压正极继电器和高压负极继电器为主继电器，控制回路的通断。

预充电继电器和预充电阻由 BMS 控制闭合和断开，在充放电初期闭合进行预充电，当预充完成后断开。

三、BMS 的工作原理

动力电池系统整体工作原理是将动力电池模组放置在一个密封并且屏蔽的动力电池箱里面，动力电池系统使用可靠的高压接插件与高压控制盒相连，然后输出的直流电由电机控制器转变为三相交流高压电，驱动电机工作；系统内的 BMS 实时采集各电芯的电压、各温度传感器的温度值、电池系统的总电压值和总电流值等数据，实时监控动力电池的工作状态，并通过 CAN 线与 VCU 或充电机之间进行通信，对动力电池系统充放电等进行综合管理。

其中 BMS 的主要工作原理可简单归纳为：数据采集电路首先采集电池状态信息数据，再由电子控制单元（ECU）进行数据处理和分析，然后根据分析结果对系统内的相关功能模块发出控制指令，并向外界传递信息，如图 4-8 所示。

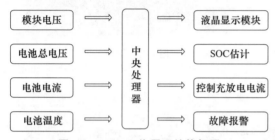

图 4-8　BMS 工作原理结构框图

BMS 一般包括电池管理系统、电压平衡控制系统、热管理系统和安全防护系统四个子系统。

1. 电池管理系统

电池管理系统的主要功能是通过电压检测等功能实现对动力电池系统的保护、对电池状态的估计和在线故障诊断。其中电池状态估计又包括电池剩余电量（SOC）和电池老化程度（SOH）两个方面。SOC 是电池管理系统中最重要的一个指标，其工作原理是通过各类传感器采集电池的相关参数，包括电压、电流及温度等，然后由 ECU 对数据进行分析和处理，根据结果对 SOC 进行分析，并将结果传递到驾驶员仪表板上。

2. 电压平衡控制系统

电压平衡控制系统主要是通过充电控制、自动均衡、继电器控制、SOC 估算、充放电管理、均衡控制、故障报警及处理、与其他控制器通信功能等实现电压平衡控制。

3. 热管理系统

热管理系统是为了确保动力电池系统能在适宜的温度下工作，以保障动力电池系统的电性能和寿命，其主要功能包括：①电池温度的准确测量和监控；②电池组温度过高时的有效散热和通风；③低温条件下的快速加热；④有害气体产生时的有效通风；⑤保证电池组温度场的均匀分布。

4. 安全防护系统

安全保护作为整个 BMS 重要的功能，主要包括：过电流保护、过充过放保护、过温保护和绝缘监测。

（1）过电流保护。由于电池有一定的内阻，当工作电流过大时，电池内部会产生热量，从而造成电池温度升高、热稳定性下降。BMS 会通过判断采集的充放电电流值是否超过安全范围来采取相应的安全保护措施。

(2) 过充过放保护。过充电会使电池正极晶格结构被破坏，从而导致电池容量减小，如果电压过高还会引发因正负极短路而造成的爆炸。过放电会导致放电电压低于电池放电截止电压，使电池负极上的金属集流体被溶解，电池被损坏，若继续给这种电池充电则有内部短路或漏液的危险。BMS 会判断采集的单体电池电压值是否超过充放电的限制电压，如果电压值超过限制，BMS 就会断开充放电回路从而保护电池系统。

(3) 过温保护。动力电池的稳定运行需要适宜的温度。过温保护结合了热管理系统，BMS 在电池温度过高或过低时，禁止系统进行充放电。

(4) 绝缘监测。动力电池系统的电压通常有几百伏，如果出现漏电，会对人员造成危险。BMS 会实时监测总正、总负搭铁绝缘阻值，在该值低于安全范围时，上报故障，并断开高压电。

四、电池管理系统的要求

QC/T 897—2011《电动汽车用电池管理系统技术条件》中规定了电池管理系统的一般要求和技术要求。

1. 电池管理系统一般要求

(1) 电池管理系统应能检测电池电和热相关的数据，至少应包括电池单体或者电池模块的电压、电池组回路电流和电池包内部温度等参数。

(2) 电池管理系统应能对动力电池的荷电状态（SOC）、最大充放电电流（或者功率）等状态参数进行实时估算。

(3) 电池管理系统应能对电池系统进行故障诊断，并可以根据具体故障内容进行相应的故障处理，如故障码上报、实时警示和故障保护等。

(4) 电池管理系统应有与车辆的其他控制器基于总线通信方式的信息交互功能。

(5) 电池管理系统应用在具有可外接充电功能的电动汽车上时，应能通过与车载充电机或者非车载充电机的实时通信或者其他信号交互方式实现对充电过程的控制和管理。

2. 电池管理系统的技术要求

(1) 绝缘电阻。电池管理系统与动力电池相连的带电部件和其壳体之间的绝缘电阻值应不小于 2MΩ。

(2) 绝缘耐压性能。电池管理系统应能经受绝缘耐压性能试验，在试验过程中应无击穿或闪络等破坏性放电现象。

(3) 状态参数测量精度。电池管理系统所检测状态参数的测量精度要求见表 4-2。

表 4-2 状态参数的测量精度要求

参数	总电压值	电流值①	温度值	单体(模块)电压值
精度要求	≤±2% FS②	≤±3% FS	≤±2℃	≤±0.5% FS

① 应用在具有可外接充电功能的电动汽车上时，电流值精度同时应满足≤±1.0A（当电流值小于 30A 时）。
② FS 即满载。

(4) SOC 估算精度。SOC 估算精度要求不大于 10%。

(5) 过电压运行。电池管理系统应能在规定的电源电压下正常工作，且满足表 4-2 状态参数测量精度的要求。

(6) 欠电压运行。电池管理系统应能在规定的电源电压下正常工作，且满足表 4-2 状态参数测量精度的要求。

第二节 数据采集方法

一、单体电压检测方法

电池单体电压采集模块是动力电池组管理系统中的重要一环,其性能好坏或精度高低决定了系统对电池状态信息判断的准确程度,并进一步影响到后续的控制策略能否有效实施。常用的单体电压检测方法有以下 5 种。

1. 继电器阵列法

图 4-9 所示为基于继电器阵列法的电池电压采集电路原理框图,其由端电压传感器、继电器阵列、A/D 转换芯片、光耦合器、多路模拟开关等组成。如果需要测量 n 块串联成组电池的端电压,就要将 $n+1$ 根导线引入电池组中各节点。当测量第 m 块电池的端电压时,单片机发出相应的控制信号,通过多路模拟开关、光耦合器和继电器驱动电路选通相应的继电器,将第 m 根和第 $m+1$ 根导线引到 A/D 转换芯片。通常开关器件的电阻都比较小,配合分压电路之后由于开关器件的电阻所引起的误差几乎可以忽略,而且整个电路结构简单,只有分压电阻和 A/D 转换芯片还有电压基准的精度能够影响最终结果的精度,通常电阻和芯片的误差都可以做得很小。所以,在所需要测量的电池单体电压较高而且对精度要求也较高的场合最适合使用继电器阵列法。

图 4-9　基于继电器阵列法的电池电压采集电路原理框图

2. 恒流源法

恒流源电路进行电池电压采集的基本原理是,在不使用转换电阻的前提下,将电池端电压转化为与之呈线性变化关系的电流信号,以此提高系统的抗干扰能力。在串联电池组中,由于电池端电压也就是电池组相邻两节点间的电压差,故要求恒流源电路具有较好的共模抑制能力,一般在设计过程中多选用集成运算放大器来达到此种目的。出于设计思路和应用场合的不同,恒流源电路会有多种不同形式,图 4-10 所示就是其中一种,它是由运算放大器和绝缘栅型场效应晶体管组合构成的减法运算恒流源电路。

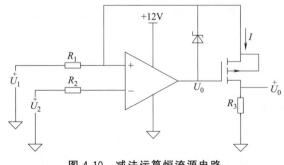

图 4-10　减法运算恒流源电路

3. 隔离运放采集法

隔离运算放大器是一种能够对模拟信号进行电气隔离的电子元件,广泛用作工业过程控制中的隔离器和各种电源设备中的隔离介质。一般由输入和输出两部分组成,二者单独供电,并以隔离层划分,信号经输入部分调制处理后经过隔离层,再由输出部分解调复现。隔离运算放大器非常适合应用于电池单体电压采集电路中,它能将输入的电池端电压信号与电路隔离,从而避免外界干扰而使系统采集精度提高,可靠性增强。下面以一个典型应用实例来说明。

图 4-11 所示为隔离运算放大器在 600V 动力电池组管理系统中的应用,其中共有 50 块标定电压为 12V 的水平铅蓄电池,其端电压被隔离运算放大器电路逐一采集。从图 4-11 中不难发现,ISO 122 的输入部分电源就取自动力电池组,输出部分电源则出自电路板上的供电模块,电池端电压经两个高精密电阻分压后输入运算放大器,与之呈线性关系的输出信号经多路复用器后交单片机控制电路处理。隔离运算放大器采集电路虽然性能优越,但是较高的成本却影响了其广泛应用。

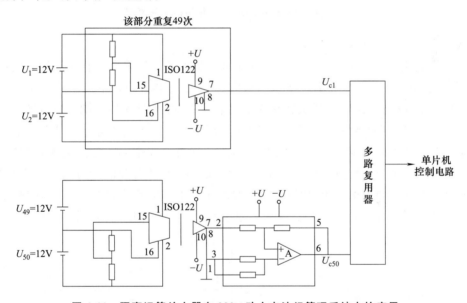

图 4-11　隔离运算放大器在 600V 动力电池组管理系统中的应用

4. 压/频转换电路采集法

当利用压/频(V/F)转换电路实现电池单体电压采集功能时,压/频变换器的应用是关键,它是把电压信号转换为频率信号的元件,具有良好的精度、线性度和积分输入等特点。LM331 是美国 FS 公司生产的高性价比集成 V/F 芯片,采用了新的温度补偿带隙基准电路,在整个工作温度范围内和低到 4V 电源电压下都有极高的精度。

图 4-12 所示为 LM331 高精度压/频转换电路原理,电压信号直接被转换为频率信号,即可进入单片机的计数器端口进行处理,而无需 A/D 转换。此外,为了配合压/频转换电路在电池单体电压采集系统中的应用,相应选通电路和运算放大电路也需加以设计,以实现多路采集的功能,这种方法涉及的元件比较少,但是压控振荡器中含有电容器,而电容器的相对误差一般都比较大,而且电容越大相对误差也越大。

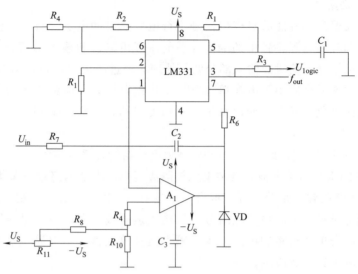

图 4-12　LM331 高精度压/频转换电路原理

5. 线性光耦合放大电路采集法

基于线性光耦合器件的电池单体电压采集电路实现了信号采集端和处理端之间的隔离，从而提高了电路的稳定性与抗干扰能力。从图 4-13 中不难看出，电池单体电压值（即 U_1 与 U_2 之差）经运算放大器 A_1 后被转化为电流信号 I_{p1} 并流过线性光耦合器 TIL300，经光耦隔离后输出与 I_{p1} 呈线性关系的电流，再由运算放大器 A_2 转化为电压值得以进行 A/D 转换并完成采集。值得注意的是，线性光耦合器两端需要使用不同的独立电源，在图中分别标示为 +12V 和 ±12V。可见，线性光耦合器放大电路不仅具有很强的隔离能力和抗干扰能力，还使模拟信号在传输过程中保持了较好的线性度，因此可以与继电器阵列或选通电路配合应用于多路采集系统中，但其电路相对较复杂，影响精度的因素较多。

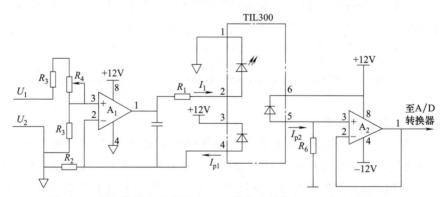

图 4-13　基于线性光耦合器 TIL300 的电池单体电压采集电路原理图

二、电池温度采集方法

电池的工作温度不仅影响电池的性能，而且直接关系到新能源汽车使用的安全问题，因此准确采集温度参数显得尤为重要。采集温度并不难，关键是如何选择合适的温度传感器。目前，使用的温度传感器有很多，如热电偶、热敏电阻、热敏晶体管、集成温度传感器等。下面介绍其中的三种。

1. **热敏电阻采集法**

热敏电阻采集法的原理是利用热敏电阻阻值随温度的变化而变化的特性,用一个定值电阻和热敏电阻串联起来构成一个分压器,从而把温度的高低转化为电压信号,再通过 A/D 转换得到温度的数字信息。热敏电阻成本低,但线性度不好,而且制造误差一般比较大。

2. **热电偶采集法**

热电偶的作用原理是双金属体在不同温度下会产生不同的热电动势,通过采集这个电动势的值就可以查表得到温度的值。由于热电动势的值仅与材料有关,所以热电偶的准确度很高。但是由于热电动势都是毫伏等级的信号,所以需要放大,外部电路比较复杂。一般来说,金属的熔点都比较高,所以热电偶一般用于高温的测量。

3. **集成温度传感器采集法**

由于温度的测量在日常生产、生活中用得越来越多,所以半导体生产商都推出了很多集成温度传感器。这些温度传感器虽然很多是基于热敏电阻式的,但都在生产的过程中进行了校正,所以精度可以媲美热电偶,而且直接输出数字量,很适合在数字系统中使用。

三、电池工作电流采集方法

常用的电流检测方式有分流器、互感器、霍尔元件电流传感器和光纤传感器 4 种,各方法的特点见表 4-3。其中,光纤传感器昂贵的价格影响了其在控制领域的应用;分流器成本低、频响应好,但使用麻烦,必须接入电流回路;互感器只能用于交流测量;霍尔元件电流传感器性能好,使用方便。目前,在新能源汽车动力电池管理系统电流采集与监测方面应用较多的是分流器和霍尔元件电流传感器。

表 4-3 常用电流检测方法的特点

项目	分流器	互感器	霍尔元件 电流传感器	光纤传感器
插入损耗	有	无	无	无
布置形式	需插入主电路	开孔、导线传入	开孔、导线传入	—
测量对象	直流、交流、脉冲	交流	直流、交流、脉冲	直流、交流
电气隔离	无隔离	隔离	隔离	隔离
使用方便性	小信号放大、 需隔离处理	使用较简单	使用简单	—
适用场合	小电流、控制测量	交流测量、电网监控	控制测量	高压测量,电力系统常用
价格	较低	低	较高	高
普及程度	普及	普及	较普及	未普及

第三节　电量管理系统

电池电量管理是电池管理的核心内容之一,对于整个电池状态的控制及新能源汽车续驶里程的预测和估计具有重要的意义。SOC 估计常用算法有开路电压法、容量积分法、电池内阻法、模糊逻辑推理和神经网络法、卡尔曼滤波法。

一、开路电压法

开路电压法是最简单的测量方法，主要根据电池组开路电压判断 SOC 的大小。由电池的工作特性可知，电池组的开路电压和电池的剩余容量存在一定的对应关系。某动力电池组的电压与容量的对应关系如图 4-14 所示，随着电池放电容量的增加，电池的开路电压降低。由此，可以根据一定的充放电倍率时电池组的开路电压和 SOC 的对应曲线，通过测量电池组开路电压的大小，插值估算出电池 SOC 的值。

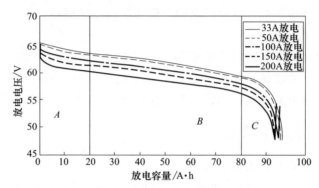

图 4-14 某动力电池组电压与容量的对应关系

二、容量积分法

容量积分法是通过对单位时间内，流入流出电池组的电流进行累积，从而获得电池组每一轮放电能够放出的电量，确定电池 SOC 的变化。

三、电池内阻法

电池内阻有交流内阻（常称交流阻抗）和直流内阻之分，它们都与 SOC 有密切关系。电池交流阻抗为电池电压与电流之间的传递函数，是一个复数变量，表示电池对交流电的反抗能力，要用交流阻抗仪来测量。电池交流阻抗受温度影响大，是对电池处于静置后的开路状态还是对电池在充放电过程中进行交流阻抗测量存在争议，所以很少在实车测量中使用。直流内阻表示电池对直流电的反抗能力，等于在同一很短的时间段内，电池电压变化量与电流变化量的比值。实际测量中，将电池从开路状态开始恒流充电或放电，相同时间里负载电压和开路电压的差值除以电流值就是直流内阻。直流内阻的大小受计算时间段影响，若时间段短于 10ms，只有欧姆内阻能够检测到；若时间段较长，内阻将变得复杂。准确测量电池单体内阻比较困难，这是直流内阻法的缺点。在某些电池管理系统中，内阻法与安时计量法组合使用来提高 SOC 估算的精度。

四、模糊逻辑推理和神经网络法

模糊逻辑推理和神经网络是人工智能领域的两个分支，模糊逻辑推理接近人的形象思维方式，擅长定性分析和推理，具有较强的自然语言处理能力；神经网络采用分布式存储信息，具有很好的自组织、自学习能力。它们共同的特点是均采用并行处理结构，可从系统的输入、输出样本中获得系统输入、输出关系。电池是高度非线性的系统，可利用模糊逻辑推理和神经网络的并行结构和学习能力估算 SOC，如图 4-15 所示。

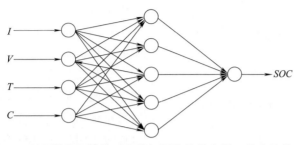

图 4-15　利用模糊逻辑推理和神经网络结构和学习能力估算 SOC

五、卡尔曼滤波法

卡尔曼滤波理论的核心思想是对动力系统的状态做出最小方差意义上的最优估算。卡尔曼滤波法应用于电池 SOC 估算，电池被称为动力系统，SOC 是系统的一个内部状态。卡尔曼滤波法适用于各种电池，与其他方法相比，尤其适合于电流波动比较剧烈的混合动力新能源汽车电池 SOC 的估计，它不仅给出了 SOC 的估计值，还给出了 SOC 的估计误差。该方法的缺点是要求电池 SOC 估计精度越高，电池模型越复杂，涉及大量矩阵计算，工程上难以实现，且该方法对于温度、自放电率以及放电倍率对容量的影响考虑得不够全面。

第四节　均衡管理系统

随着动力电池在新能源汽车动力系统中的广泛应用，逐渐暴露出一系列诸如耐久性、可靠性和安全性等方面的问题。电池成组后单体之间的不一致是引起这一系列问题的主要原因之一。由于新能源汽车类型和使用条件限制，对电池组功率、电压等级和额定容量的要求存在差别，电池组中单体电池数量存在很大的差异。即使参数要求相似，由于电池类型不同，所需的电池数量也存在较大的差别。总体看来，单体数量越多，电池一致性差别越大，对电池组性能的影响也越明显。车载动力锂离子电池成组后，电池单体性能的不一致严重影响了电池组的使用效果，减少了电池组的使用寿命。造成单体电池间差异的因素主要有以下三方面：

（1）电池制作工艺限制，即使同一批次的电池也会出现不一致。

（2）电池组中单体电池的自放电率不一致。

（3）电池组使用过程中，温度、放电效率、保护电路对电池组的影响会导致差异的放大。

因此，均衡系统是车载动力锂电池组管理系统的关键技术。从电池集成和管理方面来看，主要可以从两个方面来缓解电池不一致带来的影响：成组前动力电池的分选；成组后基于电池组不一致产生的表现形式和参数的电池均衡技术。然而，成组前电池单体的分选技术在保证电池组均衡能力方面是有限的，其无法消除电池组在使用过程中产生的不均衡。

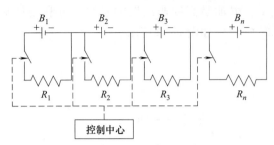

图 4-16　电阻分流的被动均衡策略

所以，基于电池组不一致的表现形式和参数的电池均衡技术是保证电池组正常工作、延长电池寿命的必要模块和技术。

串联蓄电池组均衡策略，按照均衡过程中能量的流动和变换形式可以分为被动均衡和主动均衡两大类。被动均衡策略的典型代表为电阻分流均衡策略，其均衡过程是将串联蓄电池组中能量较高的单体蓄电池中的能量通过电阻转化成热能，最终实现串联蓄电池组中各单体蓄电池能量的一致，如图 4-16 所示。该方法在均衡过程中耗散一定的电池能量，故而现在已经较少使用。

一、均衡变量的选择

1. 以开路电压作为均衡变量

目前多数均衡系统以开路电压作为均衡变量，因为开路电压为直接观测量，容易测量，并且开路电压与 SOC 之间存在一定的关系，开路电压达到一致时电池组 SOC 一致性也较好，而相同充放电电流时 SOC 与工作电压也存在类似正相关关系，开路电压较高的电池，SOC 较高，充放电时该电池电压仍会高于其他电池，因此在电池组处于搁置状态时以开路电压作为均衡变量可以在一定程度上改善电池组不一致性状态。但是以开路电压作为均衡变量使得均衡系统只能工作于电池组搁置状态，降低系统工作效率，故均衡控制过程中某些参数需要重新标定。此外，开路电压本身变化范围很小，要求均衡系统采集模块具有较高的采集精度。

2. 以工作电压作为均衡变量

工作电压与开路电压一样都是可以直接测量的参数，而且工作电压相比于开路电压变化范围更大，采集精度上更容易满足要求。以工作电压作为均衡变量的均衡系统工作于电池组充放电阶段，由于目前纯电动汽车上的动力锂离子电池组充放电截止条件就是以工作电压来判定的，以工作电压作为均衡变量可以保证在不过充过放的前提下尽可能地提高电池组的容量利用率。对于老化程度较深、内阻较大的电池，在非满放的情况下，以工作电压一致作为均衡目标可以保证其工作过程中 SOC 波动范围小于其他电池，可减缓该电池的老化速度，延长整组电池的使用寿命。以工作电压作为均衡变量的缺点在于其受干路电流的影响波动幅度特别大，特别是在纯电动汽车实际运行工况下，工作电压可能会出现剧烈波动，使得均衡系统启闭频繁，开关损耗增加。在电池 SOC 较高和较低时工作电压变化比较剧烈，对均衡系统均衡能力要求较高，而 SOC 处于中间阶段时单体间工作电压差距可能会很小，需要保证均衡系统的采样精度。

3. 以 SOC 作为均衡变量

SOC 表征当前电池剩余容量占最大可用容量的比例，以 SOC 作为均衡变量时，可以忽略电池组内单体电池间最大可用容量的差异，使所有单体电池同时达到充放电截止电压，使得电池组容量得到有效利用。同时，SOC 保持一致意味着所有单体均工作于相同的放电深度，避免由于放电深度不同导致的电池老化速度的差异。只有所有单体电池任意时刻 SOC 值保持一致时，电池组 SOC 值才能真实反映整个电池组的剩余容量状态。以 SOC 作为均衡变量最大的问题在于 SOC 的估算精度以及实时性问题，在充放电初期 SOC 差异较小，如果不能识别的话，到后期差异较大时均衡系统压力就会比较大，甚至无法完成均衡。均衡电流本身也会对 SOC 估算造成影响，现有的估算方法大多没有考虑。此外，高精度 SOC 估算算法一般计算量较大，对电池组内每节电池进行实时估算要求均衡系统具有足够的运算能力。

4. 以剩余可用容量作为均衡指标

与 SOC 作为均衡指标类似，以当前剩余可用容量作为均衡指标也是从容量角度对电池组进行均衡，同样能够避免低容量电池导致的"短板效应"，充分发挥电池组的能力。在组内电池老化程度差异不大的情况下两者是一致的，如果组内电池老化程度不同，某一时刻 SOC 达到一致后，由于不同电池 SOC 变化速率不同，下一时刻又会出现不一致，但若以剩余可用容量为均衡目标，则后续不一致性问题就不会出现。以剩余可用容量作为均衡指标主要的问题在于在线实时估算电池当前最大可用容量，目前的估算方法大多只能做到离线估算，并且估算精度难以保证。

二、主动均衡方案

对于锂离子动力电池而言，要改善单体电池之间的不一致性，均衡系统是电池管理系统设计工作的核心。若没有均衡管理模块，动力电池组的稳定性就没有了保证。从均衡子系统的元器件来分，电阻均衡、储能元器件均衡是锂离子电池目前比较常用的均衡方法。当然，所有的均衡子系统，从均衡结构的拓扑形式来分有独立均衡和集中均衡，从均衡的能量回收角度来分有主动均衡和被动均衡，从能量流向角度来分有单向均衡和双向均衡。电池均衡结构如图 4-17 所示。

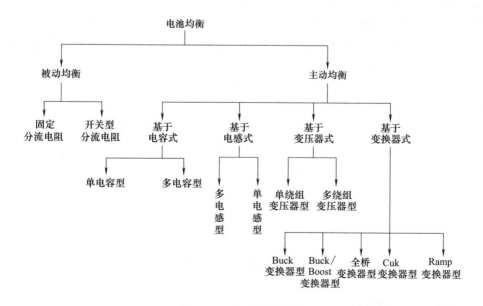

图 4-17 电池均衡结构

1. 基于电容式均衡拓扑结构

在基于电容式均衡策略的电路拓扑中,最基本的电路拓扑结构有两种,分别如图 4-18 和图 4-19 所示,二者的主要差别在于均衡过程中参与均衡的电容数量以及均衡电路的控制方式不同。

(1) 基于单电容均衡拓扑结构。在图 4-18 所示的单电容均衡策略中,只需要一个电容作为能量转移的载体,其均衡过程还需要电压检测电路的参与。其工作流程为:控制中心从串联蓄电池组中检测能量过高的单体蓄电池,控制其两端开关闭合将能量传递给电容,电容充电之后将断开电压过高的单体电池,闭合电压过低的单体与电容的连接,电容器给低压单体充电,经过若干周期进而将电荷转移至能量过低的单体蓄电池中。该策略结构相对复杂,但是均衡电路体积小,均衡速度快。

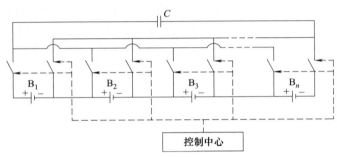

图 4-18 单电容均衡拓扑结构

(2) 基于多电容均衡拓扑结构。对于多电容均衡电路,一组电容器在串联电池组相邻电池之间传递电荷,其工作原理是:所有开关同时动作,在上下触点之间轮流接通,通过这种简单的动作,电荷在两相邻电池单体之间转移,最终电荷由高压单元传递到低压单元,经过开关的反复切换即可实现均衡。所用的单刀双掷开关可以用一个变压器耦合的MOSFET 装置来实现,因此其开关频率可以高达上百千赫兹,所需平衡电容容量要求较小。理论上该方法不需要单体电池的电压检测模块,但为了避免开关一直处于动作状态,也可以加入电压检测单元,在出现单体电压差异时控制单元发出信号驱动开关的动作。

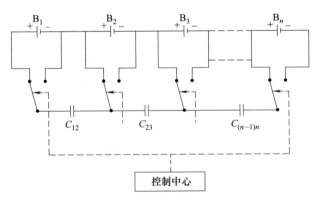

图 4-19 多电容均衡拓扑结构

2. 基于电感式均衡电路

基于电感式均衡策略是以电感作为能量转移的载体,实现各单体蓄电池之间能量的均衡。按照电感的耦合形式，又可分为单/多电感均衡策略，均衡拓扑结构分别如图 4-20、图 4-21 所示。

(1) 基于单电感均衡拓扑结构。单电感式主动均衡中每个单体电池两端通过开关连通两条单向路径，分别连向中间储能元件电感 L 的两端，通过控制开关阵列使能量能在任意两节单体之间进行转移，如图 4-20 所示，实现能量的削峰填谷。该方案通过开关阵列选通使电池组内任意两单体之间可以进行能量转换，加快了均衡速度，减少了均衡过程中的能量损失。但是，由于同一时刻只有两节单体参与能量转移，所以开关控制相对复杂，而且单电感式主动均衡的能量转移效率相较于变压器式均衡仍然较低。

(2) 基于多电感均衡拓扑结构。多电感式主动均衡在每相邻两单体电池之间放置一个电感，如图 4-21 所示，通过开关通断时间配合储能电感实现能量在相邻两单体之间转移，该均衡方案扩展性好，均衡电流大，但当需要均衡的单体电池相隔较远时需要经过多次中间传输，降低了均衡速度，同时也会增加能量损失。

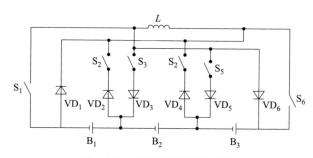

图 4-20 单电感均衡拓扑结构

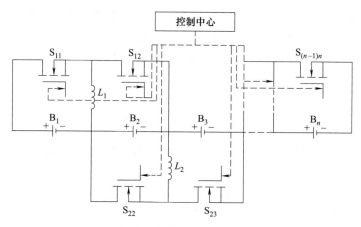

图 4-21 多电感均衡拓扑结构

3. 基于单绕组和多绕组变压器的均衡电路

(1) 基于单绕组变压器的均衡拓扑结构。图 4-22 所示为单绕组变压器均衡策略电路拓扑结构，为每个单体蓄电池配备一个变压器和一个整流二极管。当控制中心发出均衡信号时，均衡开关 S_1 以一定频率开始动作，为初级线圈充电进而激发次级线圈输出电压，匝数比将保证输出电压是各单体电压的平均值，并且自动为电压最低的单体电池充电，保证各单体蓄电池电压的一致。串联蓄电池组中的能量将自动在各个单体蓄电池中进行均匀分配，从而完成能量的均衡过程。

（2）基于多绕组变压器的均衡拓扑结构。多绕组变压器均衡电路一般指反激式多绕组变压器均衡拓扑结构（图 4-23），工作在 DCM（断续模式）下，主要有单铁芯和多铁芯的多绕组变压器。变压器式主动均衡通过充电阶段的顶部均衡和放电阶段的底部均衡防止单体电池过充过放，最终使所有单体电池的能量差异在一定阈值范围内。该方案能量转移对象为单体和电池组，因此不涉及相互转移的问题，只需要判定单体电池的能量与电池组平均能量的差值是否在一定范围内，若单体电池能量低于电池组平均能量，则控制与电池组相连的变压器原边导通，由整组给能量较低的单体补充能量；若单体电池能量高于平均能量，则控制与该单体相连的副边绕组导通，由单体电池向电池组转移多余的能量，因此控制策略简单、容易操作，但是变压器式主动均衡的扩展性差，单体电池数量改变时变压器必须重新绕制，而且副边的一致性难以保证，易出现磁饱和。

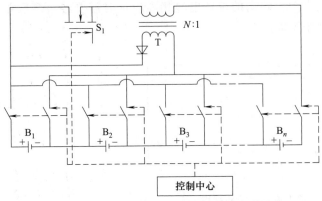

图 4-22 单绕组变压器均衡拓扑结构

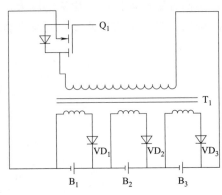

图 4-23 多绕组变压器均衡拓扑结构

如图 4-24 所示，多磁芯变压器式主动均衡增加了变压器式均衡结构的扩展性，每个单体对应一个小变压器，当单体数量发生变化时，只需要相应增加变压器数量，但是该方案需要的变压器数量较多，成本高，占用空间大且难以布置。

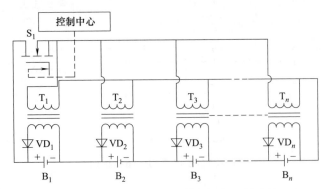

图 4-24 多磁芯多绕组变压器均衡拓扑结构

4. 基于 DC/DC 变换器式均衡策略

基于 DC/DC 变换器式均衡策略是指利用 DC/DC 变换电路，常见的如各式直流变换器，实现串联蓄电池组中能量的转移和均衡。其中典型的均衡策略包括基于 Buck 变换器、Buck/Boost 变换器、Cuk 变换器等类型，其电路拓扑如图 4-25～图 4-27 所示。严格来说，以上四种拓扑结构只是 DC/DC 变换器设计中的几种转换技术，与上面所述电路结构相比并未用到新的电气元件，相反，在这几种电路结构中还可能与以上介绍过的电路结构有重复的地方。

（1）基于 Buck 变换器均衡拓扑结构。Buck 变换器属于降压型 DC/DC 变换器结构，它是输出电压等于或小于输入电压的单管非隔离直流变换器。根据电感电流是否连续，Buck 变换器有 3 种工作模式：连续导电模式、不连续导电模式和临界导电模式。连续导电模式为线性系统，控制比较方便、简单。而不连续导电模式为非线性系统，不好控制。

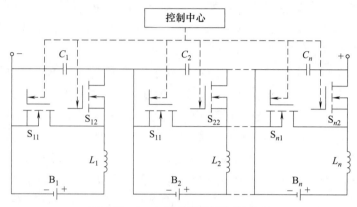

图 4-25　Buck 变换器均衡拓扑结构

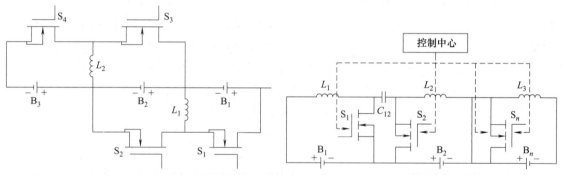

图 4-26　Buck/Boost 变换器均衡拓扑结构　　　图 4-27　Cuk 变换器均衡拓扑结构

（2）基于 Buck/Boost 变换器均衡拓扑结构。Buck/Boost 变换器是升降压型 DC/DC 变换器结构，每两个单体之间形成一个变换器，通过电容或者电感等储能元件转移单体能量，实现能量在相邻单体间单向或者双向流动。事实上，多电感均衡结构就是 Buck/Boost 变换器结构组成的升降压型均衡电路。此方案的基本思路，就是将高电压单体中的电能取出再进行合理的分配，从而实现均衡。

其电路结构相对简单，应用的器件数目也较少，是一种比较不错的均衡方案。

需要注意的是，当多个单体同时放电再分配时，会出现支路电流叠加的情况，需仔细设计相关参数以保证系统稳定。

（3）基于 Cuk 变换器均衡拓扑结构。Cuk 变换器又叫 Buck/Boost 串联变换器，它是针对 Buck/Boost 升降压变换器存在输入电流和输出电流脉动值较大的缺点而提出的一种非隔离式单管 DC/DC 升降压反极性变换器。与 Buck/Boost 变换器一样，Cuk 结构也具有升降压功能，也能工作在电流连续、断续和临界连续三种工作方式。Cuk 型均衡电路与前者的区别在于在整个均衡周期内，无论开关闭合或者断开，能量一直通过电容和电感传递给相邻电池。

变换器型电路存在的主要问题在于能量只能在相邻电池间传递，如果电池节数较多，则均衡效率将大受影响，另外对开关控制精度要求较高，且元器件较多，特别是 Cuk 型电路，成本较高。

5. 均衡拓扑结构的对比及选择

现有的电池均衡电路有很多，在均衡能力和性能上各有不同，在选择均衡电路的过程中要充分考虑其稳定性和经济性，并针对不同的工作环境进行选择。由分析可知，虽然现有的基本均衡技术在均衡领域具有各自的优势，但也存在一些未能逾越的技术问题，导致均衡能力不能达到要求。

基于多绕组变压器均衡方案 N 个次级绕组只能对应 N 个电池单体，单体数目增加则需要重新设计绕制整个变压器，而且随着单体数目的增加，磁性器件的存在不仅增大成本和均衡器的体积，而且变压器的漏感会导致均衡偏差的出现，尤其变压器的设计目前没有一种精确的设计方法，难以实现多输出绕组的精确匹配，另外同轴铁芯结构导致均衡器可移植性变差。基于多电容和多电阻的均衡方案也存在一定的问题，隔离型均衡器随着单体数量的增加，磁性器件会造成体积过大，由于能量只能在相邻单体之间传递，因此当高电压单体和低电压单体之间距离较远时，能量逐级传递，不仅大大增加了均衡时间，尤其在实际使用中，充电时间要尽可能短，这种方案很难达到均衡效果。基于多电容和多电感均衡结构是一种不需要依赖于电压检测精度的均衡方案，但是开关电容网络的布线复杂，如果利用电容的优势通过开关控制实现均衡，会带来软件编写中复杂的控制策略难以准确实现的难题；最重要的是关断时电流回路中巨大的尖峰电流和浪涌电流给电路中的电容器带来巨大的冲击，缩短电容器寿命甚至损坏电容器；另外，虽然均衡原理决定了电压检测电路可以省略，在一定程度上减小了工作量和误差率，但是由于均衡期间缺乏电池状态中电压指标的监控，在电池发生异常时没有了故障警报和处理机制，安全性下降。均衡拓扑结构对比如表 4-4 所示。

表 4-4 均衡拓扑结构对比

方案	优点	缺点
单电容型	开关较少，均衡速率快	需电压检测模块，从而达到快速均衡
多电容型	无需电压检测，控制策略简单	相邻单体间能力转换、均衡速度慢，能量损失较多
单电感型	结构简单，均衡速度快	开关瞬间有能量损失，开关频率高，需滤波电容
多电感型	可实现任意两单体的能量传递，实现充电均衡和静态均衡，扩展性好，均衡电流大	开关瞬间有较大能量损失，开关频率高，需滤波电容；当需要均衡的单体电池相隔较远时，需经多次中间传输，降低了均衡速度，增加了能量损失
单绕组变压器型	均衡速度快，低磁损失少	控制复杂，成本高，铁芯和绕组根据电池组电压和单体电压而定，通用性差
多绕组变压器型	均衡速度快，效率高，可用于充电和放电时的均衡	电路设计难度大，结构复杂，铁芯和绕组根据电池组电压和单体电压而定，通用性差
Buck 变换器型	直流电压输出稳定，结构简单	输出电压等于或小于输入电压，仅用于单向均衡
Buck/Boost 变换器型	均衡速度快，便于模块化设计，双向升降压均衡，对于电池数量多的系统易于实施	成本较高，需智能控制，能量损耗较大，结构复杂
Cuk 变换器型	能量可双向流动，均衡速度快，效率较高	控制复杂，电压检测精度要求高

适当的均衡策略,是对硬件电路设计的补偿。依据均衡电路拓扑结构的原理,目前主要有三种均衡策略。

(1) 最大值均衡策略。这种方法以串联电池组中单体电压值最高的单体为均衡对象,通过开关阵列选通电压最高的单体对电压最低的单体放电,直至达到均衡设定指标。设 V_{max} 为串联电池组中电压最高的单体电压值,V_{min} 为串联电池组中电压最低的单体电压值。B 为均衡开启阈值,若 $V_{max}-V_{min}>B$ (根据相关国家标准,单体电压差值超过 36mV 视为不均衡),则将电压最高的电池能量释放给串联电池组或者电压最低的单体,直到 $V_{max}-V_{min} \leq B$,则均衡终止。

此方案在电池组中大多数单体均衡度较高,部分单体电压过高或过低的情况下能够快速均衡,而在电池组内单体间一致性差时,会导致控制逻辑混乱,反而降低系统的均衡效率。

(2) 平均值及差值比较均衡策略。这种方法适合以串联电池组中所有单体电压的平均值作为参考对象,通过比较单体的电压值与电池组的平均电压值,进而对电压较高的单体放电,或者比较相邻单体的电压,对电压较高的单体进行放电。

此方案软件控制策略方便实现,但是在相邻单体之间转移的硬件拓扑结构下,若单体之间距离较远,则需要通过多个单体的传递,造成能量的浪费和热失衡的状况。

(3) 模糊控制策略。锂离子电池的模型建立是一个非常复杂的非线性过程,其容量随充电循环次数逐渐下降,充放电特性随着充放电倍率和环境温度发生较大的变化,其 SOC 与内阻会随着使用时间的增加发生不规律的变化。而为了保证动力系统中上百个单体的一致性,对其精度提出了越来越高的要求,因此不可能搭建一个精确模型。而智能型控制理论——模糊逻辑控制(Fuzzy Logic Control,FLC)非常适合这样的非线性系统,它主要包括以下三个步骤:

① 根据隶属函数和模糊规则离线计算查询表;
② 将模糊控制查询表存入单片机;
③ 检测单体状态,查表确定 PWM 以驱动均衡电路。

模糊逻辑控制具有鲁棒性强、实时性好、控制参数简单的优势,可以动态地调整均衡电流,是目前数字控制的发展方向。但是目前模糊控制规则的设计完全依靠专家经验,针对不同的电池单体需建立不同的规则,因此可移植性较差。

电容均衡电路的核心器件是电容,电感均衡电路的核心器件是电感。由电容和电感的特性可知,电容两端电压不能突变,而流过电感的电流不能突变。在电容均衡电路中,当系统开启均衡时,电容将会不断地在相邻两节电池间切换,这就导致均衡电容的电压值不断波动,因此,电池电压也就受到电容两端电压值波动的影响而发生一定幅度的波动,这种现象对电池管理系统的电压采集产生非常大的影响,导致数据采集精度变低。对于电感均衡电路来说,由于其均衡回路电感的存在,均衡回路电流不会发生突变,因此电池电压不会发生较大的波动现象。其次,电容作为系统的均衡器件,其特性又使均衡回路电流一直处于跳变状态,且幅值非常大,所以每个均衡电容需要串联一个限流电阻(串联的限流电阻为 0.01Ω),电阻过大会使均衡速度下降,电阻过小又会使均衡电流过大,而在均衡过程中限流电阻必然消耗能量,这就导致了均衡效率的降低。从以上的分析可知,在均衡控制电路组成结构上,电感均衡方案要优于电容均衡方案。

基于电感式的均衡电路复杂度较高，成本较大，但其均衡效率较好，扩展性较好。基于变压器的均衡结构工作时均衡电流较大，复杂度较高，软件设计难度大，扩展性较差。但这种结构的均衡效果较好，能量损耗较少。

基于以上的分析，在动力电池组的均衡设计时选择基于电感或基于变压器结构的均衡硬件电路效果较好。对于均衡变量的选取，目前大部分电池管理系统的均衡模块选取工作电压作为均衡依据，技术较为成熟。理论上说，以电池单体 SOC 为均衡变量的均衡效果会更好，单体电池的 SOC 一致性也是均衡系统工作的最终目的。但目前 SOC 的估计精度不是很高，以此为均衡变量将加大均衡误差，同时软件设计较复杂。

综上所述，选择基于电感或基于变压器结构的均衡硬件电路，结合最大值均衡法的控制策略的均衡系统将达到一个相对较好的均衡效果。在实际设计均衡系统时，还应综合考虑工作环境、项目需求、成本等多方面因素选取合适的均衡拓扑结构，这样才能增加电池模块的工作可靠性和使用寿命。

第五节 热管理系统

由于过高或过低的温度都将直接影响动力电池的使用寿命和性能，并有可能导致电池系统的安全问题，并且电池箱内温度场的长久不均匀分布将造成各电池模块、单体间性能的不均衡，因此，电池热管理系统对于新能源汽车动力电池系统而言是必需的。可靠、高效的热管理系统对于新能源汽车的可靠、安全应用意义重大。电池组热管理系统有以下 5 项主要功能：电池温度的准确测量和监控；电池组温度过高时的有效散热和通风；低温条件下的快速加热；有害气体产生时的有效通风；保证电池组温度场的均匀分布。

按照传热介质，可将电池组热管理系统分为空冷、液冷和相变材料（PCM）冷却三种。考虑到材料的研发以及制造成本等问题，目前最有效且最常用的散热系统是采用空气作为散热介质。

一、空冷系统

不使用任何外部辅助能量，直接利用汽车行驶形成的自然风将电池的热量带走，该方法简单易行，成本低。日本丰田公司的混合动力新能源汽车 Prius、本田公司的 Insight 以及以丰田 RAV-4 电动汽车的电池包都采用了空冷的方式。目前空冷散热通风方式一般有串行和并行两种。

空冷方式的主要优点是：结构简单，质量相对较小，没有发生液体泄漏的可能，有害气体产生时能有效通风，成本较低；缺点在于空气与电池表面之间换热系数低，冷却和加热速度慢。

二、液冷系统

液冷系统利用液体相对于空气有较高的换热系数，可将电池产生的热量快速带走，达到有效降低电池温度的目的。

液体冷却主要分为直接接触和非直接接触两种方式。非直接接触式液冷系统必须将套筒等换热设施与电池组进行整合设计才能达到冷却的效果，这在一定程度上降低了换热效率，增加了热管理系统设计和维护的复杂性。

对于直接接触式的液冷系统，通常采用不导电且换热系数较高的换热工质，常用的有矿物油、乙二醇等。对于非直接接触式的液冷系统，可以采用水、防冻液等作为换热工质。

随着纳米技术的发展，新型传热介质纳米流体不仅在科研中，而且在应用上得到很大关注，纳米流体是以一定的方式和比例将纳米级金属或非金属氧化物粒子添加到流体中而形成的。研究表明，在液体中添加纳米粒子，可以显著提高液体的热导率，提高热交换系统的传热性能。因此将纳米流体应用于电池热管理技术将会是一个新的研究发展方向，值得广泛的关注。

三、相变材料（PCM）冷却系统

PCM 冷却系统，如图 4-28 所示，是一种将相变储能材料与电池模块进行整合，利用其相变潜热来实现电池热管理的被动式冷却系统。

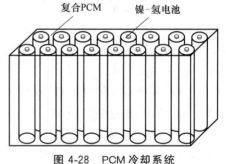

图 4-28 PCM 冷却系统

石蜡具有相变温度接近电池最佳工作温度、具有较高的相变潜热和成本低廉等特点，但是其不足之处是具有很低的热导率。因此，许多研究者开展了旨在克服其低热导率缺陷的实验研究，通过在石蜡中添加热导率高的物质制成复合 PCM，有助于提高材料的综合性能。采用添加金属填料、金属阵列结构、金属翅片管、铝切削片来提高石蜡的热导率多有报道。研究表明，在 PCM 中添加碳纤维，或将碳纳米管分散在 PCM 中心可以在很大程度上提高 PCM 复合材料的热导率。

PCM 热管理系统具有降低整个电池系统体积、减小运动部件、不需要耗费电池额外能量的优点，理论分析和实验数据表明该技术会有良好的产业前景，值得引起国内业界高度重视。

四、热管冷却系统

根据热管的散热原理，蒸发端将电池所产生的热量以相变热的形式储存于工质中，借助工质输运能力把热量传递到冷凝端。工质可以进行连续不断的循环，将电池产生的热量源源不断地传递到环境空气中，从而实现小温差下大热流的传输，使电池温度迅速降低。如图 4-29 所示，该系统具有换热效率高、冷却效果显著和寿命长等特点，与风冷、液体冷却方案相比，该方案具有技术含量较高、系统的工艺和制造相对复杂、不易进行系统维护等缺点。

五、多种冷却方式复合系统

由于单一的冷却方式有其固有缺点和局限性，将多种冷却方式进行复合可以更好地利用不同冷却方式的优点，并最大限度地克服其缺点与不足所带来的不利影响。

将 PCM 与空气冷却结合设计了图 4-30 所示的电池模块模型。

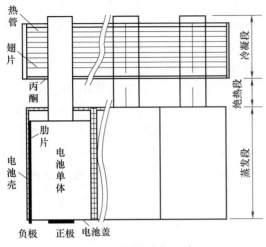
图 4-29 热管冷却系统

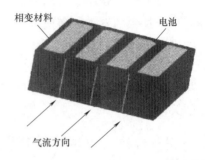
图 4-30 PCM 与空气冷却复合系统的电池模块模型

通过实验研究发现，这种复合式散热系统对电池热管理有着很好的效果。由于翅片有良好的导热性能且与热管之间有很好的热耦合，将热管加铝翅片再插入电池中，热管的冷凝段再加入冷却风扇，构成了一个多种冷却方式的复合散热系统，显著降低了锂离子电池的温度并保障了电池单体间的温度均匀性。

通过对各种常规的热管理系统的分析研究（如风冷、液冷、相变冷却等），结合各自的优点且尽量避免和克服其缺点，设计出不同类型的复合式热管理系统，以达到控制电池温度的最佳效果。随着人们对动力电池温度控制要求越来越高，多种冷却方式复合散热系统将成为动力电池热管理的重要研究内容。

第六节 数据通信系统

数据通信是电池管理系统的重要组成部分之一，主要涉及电池管理系统内部主控板与检测板之间的通信，电池管理系统与车载主控制器、非车载充电动机等设备之间的通信等。在有参数设定功能的电池管理系统上，还有电池管理系统主控板与上位机的通信。CAN 通信方式是现阶段电池管理系统通信应用的主流，在国内外大量产业化新能源汽车电池管理系统以及国内外关于电池管理系统数据通信标准中均提倡采用该通信方式。RS232、RS485 总线等方式在电池管理系统内部通信中也有应用。图 4-31 所示为 BJ6123C7C4D 纯电动客车电池管理系统通信方式。电池管理系统可实现单体电池电压检测、电池温度检测、电池组工作电流检测、绝缘电阻检测、冷却风机控制、充放电次数记录、电磁和 SOC 的估测等功能。其中，RS232 主要实现主控板与上位机或手持设备的通信，完成主控板、检测板各种参数的设定；RS485 主要实现主控板与检测板之间的通信，完成主控板电池数据、检测板参数的传输。CAN 通信分为 CAN1 和 CAN2 两路，CAN1 主要与车载主控制器通信，完成整车所需电池相关数据的传输；CAN2 主要与车载仪表、非车载充电动机通信，实现电池数据的共享，并为充电控制提供数据依据。

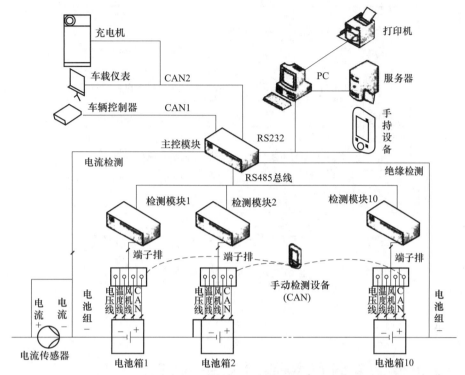

图 4-31　BJ6123C7C4D 纯电动客车电池管理系统通信方式示意

在车载运行模式下电池管理系统的结构如图 4-32 所示。电池管理系统中央控制模块通过 CAN1 总线将实时的、必要的电池状态告知整车控制器以及电动机控制器等设备,以便采用更加合理的控制策略,既能有效地完成运营任务,又能延长电池使用寿命。同时,电池管理系统(中央控制模块)通过高速 CAN2 将电池组的详细信息告知车载监控系统,完成电池状态数据的显示和故障报警等功能,为电池的维护和更换提供依据。

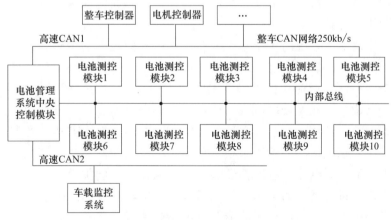

图 4-32　车载运行模式下电池管理系统的结构

在应急充电模式下电池管理系统的结构如图 4-33 所示。充电机实现与新能源汽车物理连接。此时的车载高速 CAN2 加入充电机节点,其余不变。充电机通过高速 CAN2 了解电池的实时状态,调整充电策略,实现安全充电。

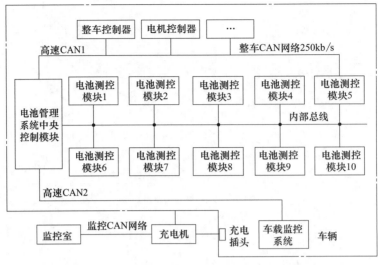

图 4-33 应急充电模式下电池管理系统的结构

第七节 电池管理系统的故障诊断与分析

一、电池管理系统故障分析

新能源汽车的主要部件电池系统属于高压部件,其设计好坏直接影响到整车安全性和可靠性。在电池系统中,从故障发生的部位看,有传感器故障、执行器故障(接触器故障)和元器件故障(电芯故障)等。这些故障在新能源汽车系统中一旦发生,轻者造成系统性能下降,重则引起事故,造成人员和财产的巨大损失,因此电池系统故障诊断及容错控制问题的研究显得十分必要。

新能源汽车中高压电系统的功能是保证整车系统动力电能的传输,并随时检测整个高压系统的绝缘故障、断路故障、接地故障和高压故障等,是保证整车设备和人员安全的首要任务,也是新能源汽车产业化的关键技术之一。1970年前后,国际标准化组织和美国、欧洲、日本等先后成立了开展新能源汽车标准研究和制定工作的标准化组织和机构,相继发布了若干新能源汽车的技术标准。它们对新能源汽车的高压电安全及控制制定了较为严格的标准和要求,并规定了高压系统必须具备高压电自动切断装置。其中涉及的电气特性有绝缘特性、漏电流、充电器的过流特性和爬电距离及电气间隙等,需要根据这些特性对电池系统的安全问题进行周全的考虑。首先需要进行电池系统的失效模式和后果分析并提出相应的检测及处理方式;然后根据故障分析的结果来设计电池管理系统诊断系统,再根据诊断规范完成故障诊断策略和软件开发。

表4-5所示为电池系统预先危险性分析,电池系统设计需要根据电池预先危险性分析,对每个可能的危害源都采取针对性的故障检测及处理设计,确保电池系统运行安全、可靠、高效。

表 4-5 电池系统预先危险性分析

电池危害	可能的危害源	可采取的措施
电池爆炸或破裂	电池过充	监控电池电压和电流
	电池过放	
	线束故障	检测线束异常及保护措施
	电池短路	监控电池电流及保险丝设计
	电池内部过热	监控电芯温度及热管理
	接触器控制异常	监控接触器状态及控制
	通过通电分解水产生氢气和氧气,氢气在空气中浓度达到 4% 时会爆炸	电池气体检测及电池包排气设计
高压触电	高压线束连接错误	检测高压线束异常及预充电设计
	高压绝缘低	高压绝缘检测及控制

新能源汽车存在着特有的高压电动力安全性隐患,新能源汽车的动力电压远远超过了人体的安全电压;电池发生短路或电解液泄漏可能引起剧烈的爆炸和燃烧;电池化学反应产生的有害物质也会对司乘人员造成潜在的危害等。这些都将影响新能源汽车的应用前景。由于电池是新能源汽车高压源,因此,电池管理系统需要确保整车高压系统安全可靠,可通过包括高压绝缘检测、高压互锁电路、碰撞安全开关、手动维修开关及电池各部件诊断设计等实现。当检测到高压系统故障时,系统可及时做出响应并采取措施,以确保高压动力安全性及整车碰撞安全性等。

当电池系统出现严重故障时,高压接触器必须快速切断以保护电池和确保整车高压安全,因此接触器的诊断显得尤为重要。

BIVIS 系统负责整车高压系统的安全,需要定期测量高压母线对地的绝缘电阻,并将绝缘状态和电阻值通过 CAN 总线上报以通知整车其他控制器。当检测到电池组绝缘电阻异常时,可采取分级报警的策略确保高压安全。

由于新能源汽车中安装了大能量高压蓄电池组,因此在遇到紧急情况,尤其是严重的碰撞时,将会使车内的蓄电池单元、高压用电器等与车身固定件发生碰撞挤压等情况,造成潜在的脱落、短路等瞬间绝缘性能的快速下降或高压主回路电路的短接等非常危险的情况。为适应这种被动控制的需求,在新能源汽车上设置了一个加速度传感器的信号输入电路接入 BMS 系统。当诊断出一个被动安全碰撞信号,将及时通过总线与整车控制器通信,并快速切断动力电池的高压回路,防止高压触电。

二、动力电池故障诊断策略

动力电池故障诊断策略开发主要包括三个方面的内容:故障检测、故障数据,管理和诊断服务接口。故障诊断对象是指电池系统各个部件,故障检测需要根据每个部件的失效模式分析,并配合相应的硬件设计,具备该部件的故障检测功能;故障数据管理是动力电池故障诊断系统的核心,它执行主要的故障诊断与处理的算法;诊断服务接口提供根据 ISO 标准所定义的电控单元与外部诊断设备通信的底层驱动以及协议;外部诊断仪是车辆在检修时维修人员使用的,满足 ISO 标准的外部工具,用以读取存储的故障码,便于合理高效的维修。

软件架构应该包含应用层软件、核心层软件和底层驱动软件。应用层软件主要进行电池系统故障检测、电池状态数据的读取及电池系统关键控制变量的控制；核心层软件是整个故障诊断的中枢，包括故障码的管理、诊断服务接口和故障码的存储/擦除管理；底层驱动软件包括一些单片机 A/D、I/O 等的状态读取及控制，以及符合 ISO 15765 诊断规范的 CAN 接口驱动程序。

故障数据管理是故障诊断系统的核心，它包括以下几个主要功能：

（1）实现电池系统故障码的存储和管理。

（2）存储和管理与故障相关的冻结帧信息，便于故障排查。

（3）提供与应用程序和诊断仪的诊断服务接口函数。

（4）电池系统故障灯的管理。

（5）故障处理机制的管理。

系统会定时执行故障诊断软件顺序巡检每个故障码的状态，并根据每个故障码对应的故障等级和故障状态标志位来设置每一个故障级别的故障计数器，再根据电池系统故障级别采取相应的故障处理措施，以确保电池和整车高压系统安全可靠。由于外界因素的干扰，信号可能偶尔会产生一些正常的跳变抖动。将一个信号识别为异常后，系统并不直接视其为故障，而是通过一定方式进行累积，只有当累积结果达到一定程度时，才最终将异常判断为故障。这样可以提高系统的容错性，避免由于过于敏感而导致无法使用。

第五章 纯电动汽车动力电池系统的检修

第一节 北汽 EV160/200 动力电池系统的检修

一、北汽 EV160/200 动力电池系统简介

(一) 结构组成

北汽 EV160/200 动力电池系统主要由动力电池模组、电池管理系统、动力电池箱及辅助元器件等四部分组成,如图 5-1 所示,电池管理系统如图 5-2 所示。

(a) 动力电池模组

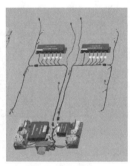
(b) 电池管理系统

(c) 动力电池箱

(d) 辅助元器件

图 5-1 北汽 EV160/200 动力电池系统结构组成

1. 动力电池模组

(1) 电池单体 它是构成动力电池模块的最小单元。一般由正极、负极、电解质及外壳等构成。可实现电能与化学能之间的直接转换。

(2) 电池模块 一组并联的电池单体的组合,该组合额定电压与电池单体的额定电压相等,是电池单体在物理结构和电路上连接起来的最小分组,可作为一个单元替换。

(3) 模组 由多个电池模块或单体电芯串联组成的一个组合体。

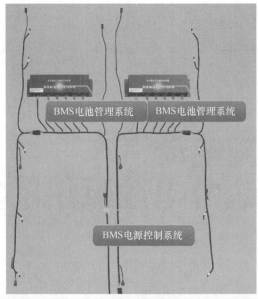
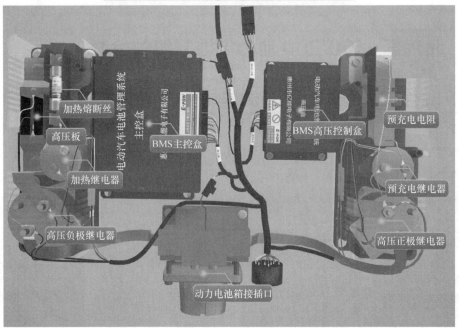

图 5-2 北汽 EV160/200 电池管理系统结构组成

2. 电池管理系统

(1) BMS 的作用 电池保护和管理的核心部件,在动力电池系统中,它的作用就相当于人的大脑。它不仅要保证电池安全可靠的使用,而且要充分发挥电池的能力和延长使用寿命,作为电池和整车控制器以及驾驶者沟通的桥梁,通过控制接触器控制动力电池组的充放电,并向 VCU 上报动力电池系统的基本参数及故障信息。

(2) BMS 具备的功能 通过电压、电流及温度检测等功能实现对动力电池系统的过压、欠压、过流、过高温和过低温保护,继电器控制、SOC 估算、充放电管理、均衡控制、故障报警及处理、与其他控制器通信功能等功能;此外电池管理系统还具有高压回路绝缘检测功能,以及为动力电池系统加热功能。

(3) BMS 的组成　按性质可分为硬件和软件,按功能分为数据采集单元和控制单元。图 5-3 所示为北汽 EV160/200 电池管理系统 BMS。

BMS 的硬件：主板、从板及高压盒,还包括采集电压线、电流、温度等数据的电子器件。

BMS 的软件：监测电池的电压、电流、SOC 值、绝缘电阻值、温度值,通过与 VCU、充电机的通信,来控制动力电池系统的充放电。

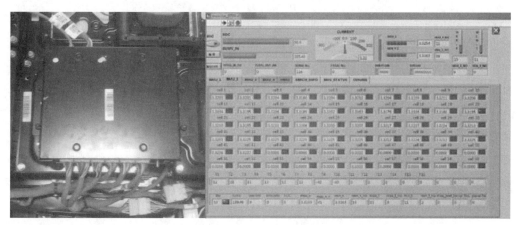

图 5-3　北汽 EV160/200 电池管理系统 BMS

3. 动力电池箱

动力电池箱体通常安装在车身底盘下方,有承载及保护动力电池组及电气元件的作用,制造材料通常包括具有绝缘作用的玻璃钢和高硬度耐磨的钢等。由于汽车的运行环境多变,因此动力电池箱散热、防水、绝缘等安全设计的要求很高。例如北汽 EV160/200 电池箱体的防护等级为 IP67。在使用过程中动力电池外部动力电池箱的好坏对动力电池内部具有较大影响,所以在维护时,需要对动力电池外部进行检查维护。

4. 辅助元器件

辅助元器件主要包括动力电池系统内部的电子电器元件,如熔断器、继电器、分流器、接插件、紧急开关、烟雾传感器、维修开关等,以及电子电器元件以外的辅助元器件,如密封条、绝缘材料等。如图 5-4 所示。

(二) 工作原理

动力电池模组放置在一个密封并且屏蔽的动力电池箱里面,动力电池系统使用可靠的高压接插件与高压控制盒相连,然后输出的直流电由电机控制器转变为三相交流高压电,驱动电机工作；系统内的 BMS 实时采集各电芯的电压、各温度传感器的温度值、电池系统的总电压值和总电流值等数据,实时监控动力电池的工作状态,并通过 CAN

图 5-4　北汽 EV160/200 电池管理系统辅助元器件

线与 VCU 或充电机之间进行通信,对动力电池系统充放电等进行综合管理。

以北汽 EV160/200 的动力电池系统为例，其动力电池系统的内部电路工作原理如图5-5所示。

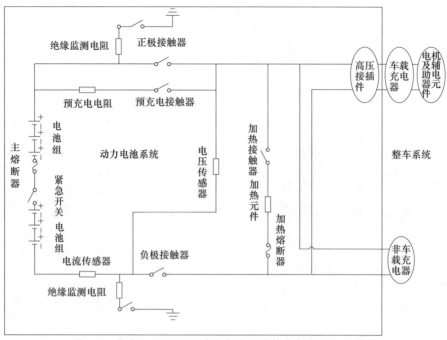

图 5-5　北汽 EV160/200 动力电池系统的内部电路工作原理

一般来说，纯电动汽车设置有维修开关（紧急开关），断开维修开关才可对纯电动汽车进行维修。EV200 维修开关（图 5-6）在后排座椅下方，需要拆除后排座椅和地板胶才能看见，维修开关内有 250A 熔断器。

 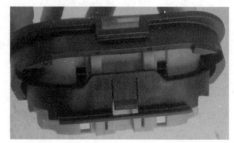

图 5-6　EV200 维修开关

1. 动力电池内部充电原理

（1）充电之前加热　当充电初期，动力电池的从控盒监测到每个动力电池组的温度，并反馈给主控盒。主控盒接收来自从控盒反馈的实时温度，并计算出最大值与最小值，当监测到电芯温度低于设定值时，主控盒控制加热继电器闭合，通过加热元件、加热熔断器接通电路，进行加热。

途径路线：

慢充时：充电桩→车载充电器→高压接插件→加热继电器→加热元件→加热熔断器→高压接插件→车载充电器→充电桩，构成充电回路，进行加热，如图 5-7 所示。

快充时：非车载充电器→加热继电器（接触器）→加热元件→加热熔断器，构成充电回路，进行加热。

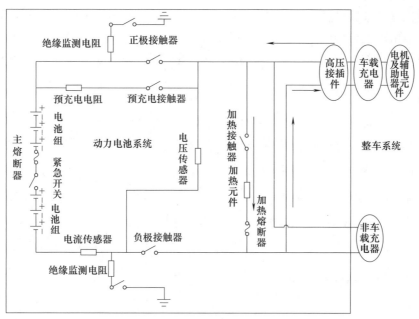

图 5-7 动力电池内部充电原理

注意：有的动力电池组没有设置加热接触器、加热元件和加热熔断器。

（2）充电初期预充电　在充电初期，整车控制器唤醒 BMS，BMS 进行自检和初始化，完成后上报给整车控制器。整车控制器控制负极接触器闭合，BMS 控制预充继电器闭合，对各单体电芯进行预充电，确定单体电芯无短路后，BMS 将断开预充继电器，预充完成。

途径路线：

慢充时：充电桩→车载充电器→高压接插件→预充继电器→预充电阻→动力电池组→主熔断器→紧急开关（维修开关）→动力电池组→电流传感器→负极接触器→高压接插件→车载充电器→充电桩，构成回路，进行预充，如图 5-8 所示。

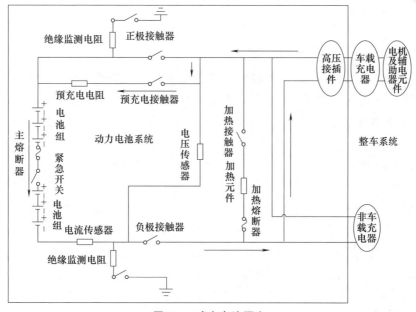

图 5-8 动力电池预充

快充时：非车载充电器→预充继电器→预充电阻→动力电池组→主熔断器→紧急开关→动力电池组→电流传感器→负极接触器→非车载充电器，构成回路，进行预充。

（3）充电　预充电完成之后，BMS断开预充继电器，闭合正极接触器，对动力电池组进行充电。

途径路线：

慢充时：充电桩→车载充电器→高压接插件→正极接触器→动力电池组→主熔断器→紧急开关→动力电池组→电流传感器→负极接触器→高压接插件→车载充电器→充电桩，构成回路，进行慢充，如图5-9所示。

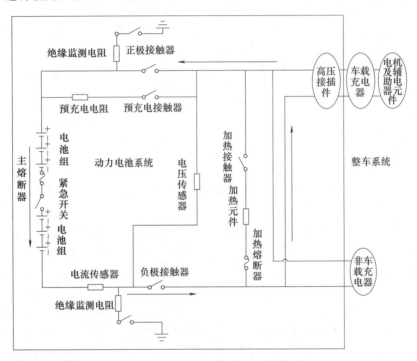

图5-9　动力电池慢充

快充时：非车载充电器→正极接触器→动力电池组→主熔断器→紧急开关→动力电池组→电流传感器→负极接触器→非车载充电器，构成回路，进行快充，如图5-10所示。

2. 动力电池内部放电原理

BMS被整车控制器唤醒后即进行自检和初始化，完成后上报回整车控制器。随后BMS根据整车控制器发出的高压供电指令，开始按顺序控制继电器的闭合和断开，进入放电状态。

（1）放电初期预充　由于电路中电机控制器和空调压缩机控制器等含有电容，如果用电容C表示此时控制器电容，如图5-11所示，当主正、负接触器直接与电容C闭合，此时电池组为几百伏的高压电，电容C两端电压接近0，负载电阻仅仅是导线及接触器触点电阻，相当于瞬间短路，主正、负接触器很容易烧坏。

因此在放电模式初期，BMS先控制预充继电器闭合，用低压、小电流向各控制器电容预充电，当电容两端电压接近动力电池总电压时，断开预充继电器。

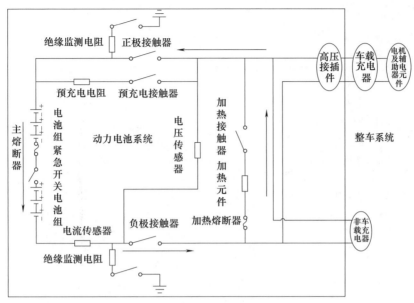

图 5-10 动力电池快充

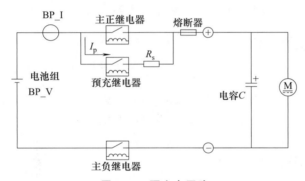

图 5-11 预充电回路

途径路线：

动力电池组正极→紧急开关→主熔断器→电池组正极→预充电阻→预充继电器→高压接插件→车载充电器→电机及辅助电器元件→车载充电器→高压接插件→负极接触器→电流传感器→动力电池组负极。

构成回路，完成预充。

（2）放电 预充完成之后，BMS 断开预充继电器，并闭合主正接触器，动力电池组进行放电。

途径路线：

动力电池组→紧急开关→主熔断器→动力电池组正极→主正继电器→高压插接件→车载充电机→电机及辅助电器元件→车载充电机→高压接插件→主负接触器→电流传感器→动力电池组负极。

构成回路，完成放电。

3. 绝缘监测

动力电池 BMS 具有高压回路绝缘监测功能，监测动力电池组与箱体、车体等之间的绝缘状况，如图 5-12 所示。

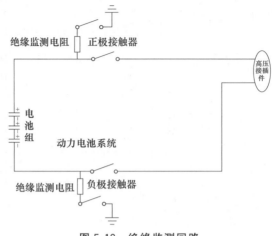

图 5-12　绝缘监测回路

途径路线：

动力电池组正极端→绝缘监测电阻→绝缘继电器→搭铁。

动力电池组负极端→绝缘监测电阻→绝缘继电器→搭铁。

二、动力电池系统的维护

（一）动力电池相关要求

1. 运输

（1）动力电池报废后要根据其种类，用符合国家标准的专门容器分类收集运输。

（2）对储存、装运动力电池的容器应根据动力电池的特性而设计，不易破损、变形，其所用材料能有效地防止渗漏、扩散。

（3）装有废旧动力电池的容器必须贴有国家标准所要求的分类标识。

（4）在废旧动力电池的包装运输前和运输过程中应保证其结构完整，不得将废旧动力电池破碎、粉碎，以防止电池中有害成分的泄漏污染。

2. 储存

（1）禁止将废旧动力电池堆放在露天场地，避免废电池遭受雨淋水浸。

（2）批量废弃锂离子电池储存，储存设施所使用的容器应确保满足其储存要求，保证废弃锂离子电池的外壳完整，排除对环境造成不利影响，建立安全管理和出现危险时的应急机制。

（3）储存于通风良好的干净环境。

（4）不可放置于阳光直晒区域。

（5）必须远离可使电池系统外部升温 60℃ 的热源。

（6）必须平放于包装箱内。

（7）勿摔落电池系统并避免表面撞击。

3. 污染防治

（1）锂电池的收集、运输、拆解、再生冶炼等活动要严格遵守以上要求。

(2) 锂电池应当进行回收利用，禁止用其他办法进行处置。

(3) 锂电池应当按照危险废物进行管理。

(4) 锂电池在收集、运输过程中应当保持外壳的完整，防止发生液体泄漏对环境的污染。

（二）动力电池系统的检查

1. 检查动力电池外观有无磕碰、损坏

将车辆举升目测动力电池底部有无磕碰、划伤、损坏的现象。

提示：如发现以上情况应及时予以修理或更换。

2. 动力电池定期充放电、单体电池一致性测试

定期对动力电池满充、满放一次。

使用专用检测仪对动力单体电池进行测试。

提示：如发现以上情况应及时予以修理或更换。

3. 检查 BMS、绝缘电阻、接插件与紧固件情况

使用专用检测仪器对动力电池 BMS、绝缘电阻进行测试。

目测动力电池高低压插接件变形、松脱、过热、损坏的情况。

提示：如发现以上情况应及时予以修理或更换。

4. 固定螺栓力矩检测

螺栓标准力矩：95~105N·m。

（三）动力电池系统周期保养项目

1. 绝缘检查（内部）

目的：防止电箱内部短路。

方法：将电箱内部高压盒插头打开，用绝缘表测试总正、总负对地，阻值≥500Ω。

工具：绝缘表。

2. 模组连接件检查

目的：防止螺钉松动，造成故障。

方法：用做好绝缘的扭力扳手紧固（扭力：35N·m），检查完成后，做好极柱绝缘。

工具：扭力扳手。

3. 电箱内部温度采集点检查

目的：确保测温点工作正常，采集点合理。

方法：电脑监控温度与红外热像仪温度对比，检查温感精度。

工具：笔记本、CAN 卡、红外热像仪。

4. 电箱内部除尘

目的：防止内部粉尘较多，影响通信。

方法：用压缩空气清理。

工具：借助空压机。

5. 电压采集线检查

目的：防止电压采集破损，导致测试数据不准。

方法：目测检查电压采集线有无破损。

工具：无。

6. 标识检查

目的：防止标识脱落。

方法：目测。

工具：无。

7. 熔断器检查

目的：检查熔断器状态是否良好，遇事故时可正常工作。

方法：用万用表二极管挡测量通断。

工具：万用笔。

8. 电箱密封检查

目的：保证电箱密封良好，防止水进入。

方法：目测密封条或更换密封条。

工具：无。

9. 继电器测试

目的：防止继电器损坏，车辆无法正常上高压。

方法：用监控软件启动关闭总正、总负继电器。

工具：万用表、笔记本、CAN 卡。

10. 高低压接插件可靠性检查

目的：确保接插件正常使用。

方法：检查是否松动、破损、腐蚀、密封等情况。

工具：目测、万用表、绝缘表。

11. 其他电箱内零部件检查

目的：保证辅助性的部件正常使用。

方法：检查是否松动、破损、脱落等情况。

工具：螺丝刀、扭力扳手。

12. 电池包安装点检查

目的：防止电池包脱落。

方法：目测检查每个安装点焊接处是否有裂纹。

工具：目测。

13. 电池包外观检查

目的：确保电池包未受到外界因素影响。

方法：电池包无变形、无裂痕、无腐蚀、无凹痕。

工具：目测。

14. 保温检查

目的：确保冬季电池包内部温度。

方法：目测检查电池包内部边缘保温棉是否脱落、损坏。

工具：目测。

15. 电池包高低压线缆安全检查

目的：确保电池包内部线缆是否破损、漏电。

方法：目测电池包内部线缆是否破损、挤压。

工具：目测。

16. 电芯防爆膜、外观检查

目的：防止电芯损坏、漏电。

方法：目测可见电芯防爆膜、电芯外观绝缘是否破损。

工具：目测。

17. CAN 电阻检查

目的：确保通信质量。

方法：用万用表欧姆挡测量 CAN1（3）高对 CAN1（3）低电阻。

工具：万用表。

18. 电池包内部干燥性检查

目的：确保电池箱内部无水渍。

方法：打开电池包，目测观察电池箱内部是否有积水，测量电池包绝缘。

工具：绝缘表。

19. 电池加热系统测试

目的：确保加热系统工作正常，避免冬季影响充电。

方法：电池箱通 12V，打开监控软件，启动加热系统，目测风扇是否正常。

工具：12V 电源、笔记本、CAN 卡。

三、诊断仪使用介绍

（一）软件运行环境

硬件要求：笔记本电脑，台式机，PAD，系统盘空间不小于 5GB，内存不小于 1GB。

操作系统：Windows XP SP3，Windows 7 和 Windows 8，暂不支持 Windows RT。

网络要求：本软件需要在线激活和网络下载，务必保证连接 internet 正常。

安装条件：Windows 登入账户必须是管理员身份。

（二）软件下载与安装

将安装文件"BDS setup.exe"复制到所要安装的电脑中，双击即可选择软件安装。

BDS 无线诊断系统安装成功后，可以点击开始菜单或者桌面上的 BDS 快捷方式启动该软件。第一次运行软件，需要安装 USB 驱动。

（三）软件操作

1. 软件管理

软件功能使用说明见表 5-1。

表 5-1　软件功能使用说明

功能图标	功能名称	功能描述
🏠	主界面	BDS 汽车无线诊断系统主界面，介绍和描述产品性能和品牌
🚗	汽车智能诊断系统	汽车无线诊断系统的核心功能，它提供了简易而专业的汽车综合诊断功能，包括读 ECU 信息、故障码分析、数据流分析、数据流冻结帧、元件执行、电脑编程、匹配、设定和防盗等功能

续表

功能图标	功能名称	功能描述
	系统设定	汽车无线诊断系统的系统设定功能,它提供多种功能操作模式,如连接方式、公英制单位切换和语言选择功能等功能,从而丰富用户体验
	软件管理	产品软件管理,用于甄别汽车诊断软件的版本信息,以便客户升级软件;用于客户管理汽车诊断车型软件;用于注册用户信息,以加强用户的安全性,以及客户打印测试报告时显示用户信息
	系统退出	安全退出 BDS 系统

2. 产品激活与注册

第一次使用 BDS 无线诊断诊断系统时,必须填写完整的用户信息,以便记录用户基本信息,加强用户与厂家联系,以及时共享厂家资源;增加用户对产品使用安全,方便客户投诉和反馈建议,从而达成客户满意度。

产品未注册时,BDS 系统中不包括车型软件,用户需先激活产品,即可下载相关软件。在激活产品或进行软件升级时,都是采用 USB 模式,因此,需确定 USB 连接和网络是否正常工作,如图 5-13 所示连接方式。

图 5-13　连接方式

读取 BDS 的"系统信息"以确保 USB 与 VCI 能正常工作,如不正常需检查 USB 是否连接好。

软件管理功能说明见表 5-2。

表 5-2　软件管理功能说明

功能图标	功能名称	功能描述
	软件升级	自动甄别车型软件版本,一键式升级产品软件,在减少用户操作复杂度同时节约用户宝贵的时间
	车型管理	协助用户删除不需要的车型软件
	用户激活	记录用户基本信息,加强用户与厂家联系,以及时共享厂家资源;增加用户对产品使用安全,方便客户投诉和反馈建议

选择第三项"用户激活"确定后,进入用户隐私界面,应保管好此信息,以免被他人使用。

完成产品激活,如图 5-14 所示。

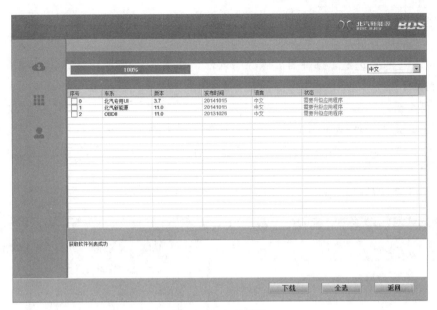

图 5-14　产品激活

3. 软件升级

进行软件升级时，需采用 USB 模式，因此，需确定 USB 连接和网络是否正常工作，参见图 5-13 所示进行连接。

读取 BDS 的"系统信息"以确保 USB 与 VCI 能正常工作，如不正常需检查 USB 是否连接好。

USB 与 VCI 连接正常后，选择软件管理功能。

软件管理功能说明见表 5-2。

BDS 系统的车型诊断升级程序提供两种升级模式，即【手动选择】和【一键式升级】。

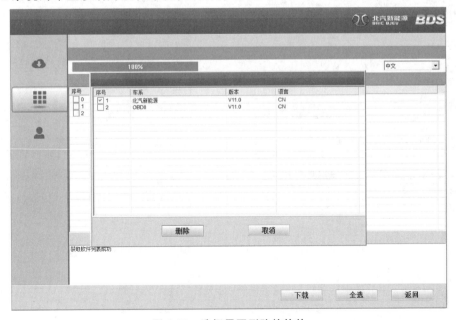

图 5-15　选择需要删除的软件

4. 车型软件管理

提供车型品牌管理功能，可根据需求删除车型品牌。

先通过左边的复选框，选择需要删除的软件，如图 5-15 所示。

按【删除】键，即从电脑中删除被选择的软件，如图 5-16 所示。

5. 车型诊断

将 VCI 诊断盒子连接到汽车的 OBD 诊断座，连接完后，电源指示灯会亮。VCI 固定的 SSID 为 UCANDAS，如果 WIFI 自动连接没有成功，应手动设置 WIFI 连接到 UCANDAS，WIFI 连接成功后，VCI 的无线图标会点亮。

启动 BDS 系统软件，点击汽车诊断图标。如图 5-17 所示。

图 5-16 删除软件

图 5-17 启动 BDS 系统软件

选择需要的车型图标，点击软件版本，进入对应车型诊断程序。

按【确定】键，进入车型诊断，如图 5-18～图 5-21 所示。

图 5-18 车型诊断（一）

图 5-19 车型诊断（二）

图 5-20 车型诊断（三）

图 5-21 车型诊断（四）

（四）系统设置

1. 读取 VCI 版本

如果连接有问题（USB 或 WIFI），无法读取到 BDS 的硬件版本，通常显示为"未知"或"—"，而 USB 正常工作时显示硬件编号，如图 5-22 所示。

2. 语言设置

可以根据需求选择不同语言版本，如图 5-23 所示。

注：在没有购买其他国家语言情况下，系统默认选配本国语言和英语。

图 5-22 读取 VCI 版本

图 5-23 语言设置

图 5-24 运行模式

3. 运行模式

提供演示模式，以方便 BDS 在未连接 VCI 情况下展示软件功能，模拟 BDS 系统工作时的情况如图 5-24 所示。

4. 单位选择

提供公英制单位切换，如图 5-25 所示。

图 5-25 单位选择

图 5-26 连接方式选择

5. 连接方式选择

VCI 盒子固定的 SSID 为 UCANDAS，如果 WIFI 自动连接没有成功，可手动设置 WIFI 连接到 UCANDAS，WIFI 连接成功后，VCI 的无线图标会点亮。如图 5-26 所示。

四、动力电池组的拆卸和安装

(一) 拆卸前的准备

必须满足一些前提条件才允许对高电压动力电池单元进行有针对性的修理工作,这些前提条件既涉及人员安全,也包括有特殊工具的要求。

拆卸与分解高电压动力电池单元最重要的特殊工具包括:

(1) 可移动总成升降台以及用于拆卸和安装高电压动力电池单元的适配接头套件。

(2) 高电压动力电池单元电池模块充电器。

(3) 用于修理高电压动力电池单元后进行试运行的专用测试仪。

(4) 用于拆卸和安装电池模块的起重工具。

(5) 用于松开高电压动力电池单元内部卡子的塑料楔。

(6) 隔离带。

(7) 建议使用带发光条的黄色警示锥筒。

高电压动力电池单元修理工位必须洁净、干燥、无油脂、无飞溅火花。因此必须避免紧靠车辆清洗场所或车身修理工位。如有可能应使用活动隔板或隔离带进行隔离。警告:只允许具备高电压动力电池单元修理资质的维修人员进行这项工作,而且只有符合检测计划且满足"外部设有机械损伤"前提条件时,才能打开高压动力电池单元并根据检测计划更换损坏组件。

(二) 安全注意事项

(1) 为了防止未经授权进入工位以及无法确保高电压本质安全或出现不明状态时,应使用隔离带。离开工作区域时,建议竖立发光黄色警告提示。

(2) 拆卸盖板前,应清除高电压动力电池单元盖板区域内的残留水分和杂质。

(3) 进行每项工作步骤之时、之前和之后应对作业组件仔细进行直观检查。例如拆卸某一组件时,应检查由此松开的其他组件是否损坏。

(4) 在拔下和插上电池管理单元 BMS 的绝缘监控导线时,因为在较细导线上存在高电压,必须特别小心。拔下插头时,须注意不要拉动导线,并注意插头是否正确锁止,如果未正确锁止,可能会无法识别绝缘故障。

(5) 工作中断时,应盖上拆下的壳体端盖并通过拧入几个螺栓防止无意中打开。

(6) 在高电压组件或连接件上或在其附近,不要使用带有尖锐刃口或边缘的工具或物体。例如禁止使用螺丝刀、侧面切刀、刀具等。允许使用装配楔("鱼骨")。在 12V 车载网络导线束上,允许使用侧面切刀打开导线扎带。

(7) 不允许切开高电压导线上的扎线带。可以松开卡子或将高电压导线连同支架部件一起拆卸。

(8) 拆卸和安装电池模块,松开螺栓和拆卸螺栓必须注意,不要松开电池模块上的塑料盖板,因为下面装有导电电池接触系统。

(9) 如果高电压动力电池单元内部有杂质时,明确原因后应对相关部位进行仔细清洁,允许使用以下清洁剂:①酒精;②风窗玻璃清洗液;③玻璃清洗液;④蒸馏水;⑤带塑料盖的吸尘器。

(10) 由于热交换器采用非常扁平的设计结构导致拆卸和安装时损坏风险较高,因此必

第五章 纯电动汽车动力电池系统的检修

须始终由两个人来拆卸和安装热交换器。进行热交换器操作时,必须非常谨慎,因为热交换器损坏(弯曲、凹陷)时无法确保对电池模块进行冷却。这样会使车辆可达里程和功率明显下降。重新安装前必须使用规定清洁剂清洁密封垫和密封面(排气单元、高电压插头、12V插头、热交换器接口)。

(11)电解液的主要部分结合在固体阴极材料锂镍锰钴氧化物内和固体阳极材料石墨内。高电压动力电池单元内的自由电解液量非常小。出现泄漏情况时可能会释放电解液和溶剂蒸气。接触皮肤或眼睛后需用大量清水进行冲洗并马上就医。发生火灾时会产生易燃气体、污浊气体和对健康有害的物质,例如一氧化碳、二氧化碳、氢气和碳氢化合物。注意切勿吸入!应供给充足新鲜空气。呼吸停止时应进行人工呼吸并马上就医。发生火灾时应通知消防部门。立即清理区域并保护事故地点。在不造成人员伤害的情况下进行灭火并使用相应灭火剂(例如水)。

(12)穿戴好劳保用品。高压操作前,维修人员必须穿戴好劳保用品,戴好绝缘手套,穿好高压绝缘鞋。在戴绝缘手套前,必须检查绝缘手套是否破损,确保手套绝缘有效。

① 检查绝缘手套外观有无明显磨损痕迹。
② 检查绝缘手套密封性:a.卷起手套边缘;b.折叠开口,并封住手套开口;c.向手套内吹气,确认有无空气泄漏;d.同样的方法检查第二只手套。
③ 确认密封良好后,佩戴绝缘手套。

(三)北汽EV160/200动力电池拆装流程

1. 动力电池组的拆卸

(1)拆卸电池前,应先断开高低压电,断电流程应做好检查与维护前的准备工作。

(2)将电池举升车推至动力电池正下方,如图5-27所示,升起电池举升车,使台面中心与动力电池底部重心位置完全接触。

图5-27 动力电池举升车

(3)按对角顺序拆卸动力电池的10只安装螺栓(注意:至少分三次使用扭力扳手拆卸螺栓),如图5-28所示。

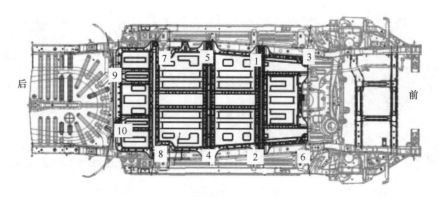

图5-28 拆卸动力电池螺栓

（4）将拆卸后的动力电池放置到安全位置，不得有扔掷、挤压等造成动力电池系统损坏或人身意外伤害的行为。

2. 安装步骤

（1）安装前需检查动力电池的外观和零部件（包括电源线、插头、延长线、保护器、高低压插接件）是否有异常情况，如有异常情况，停止安装，并重新进行检修。

检查动力电池系统是否破裂损坏、是否漏电或进水。

检查电源线、插头、延长线、保护器是否破裂、损坏，是否有过热、冒烟、冒火花或进水的迹象。

检查动力电池高低压插接件是否与说明书一致，是否能正常对接。

（2）安装步骤与拆卸步骤相反，螺栓标准力矩为95～105N·m。

（3）安装完毕后，观察动力电池箱体螺栓是否还有松动，动力电池箱体是否有破损严重变形，密封法兰是否完整。

（4）最后检查动力电池能否正常运行：

将点火开关打开至Start挡，检查仪表盘有无异常报警；使用解码仪，检查有无故障码，如图5-29所示。若有故障码，需根据故障码的实际情况进行检修。

图5-29　解码仪检查故障码

五、动力电池的检查与维护

（一）动力电池外部检查与维护

1. 工量具准备

安全防护设备、龙门式举升机、EV160/200整车、车内外三件套、抹布、扭力扳手、绝缘测试仪、绝缘拆装工具。

2. 高压安全防护准备

检查与维护高压部件之前应该先断开高低压电，断电流程如下。

（1）关闭点火开关，拔下钥匙，并在车上放置工作牌，如图5-30、图5-31所示。

警告：仪表板显示READY表示高压通电，此时切勿拆卸高压部件！

图5-30　拔下钥匙

图5-31　放置工作牌

(2) 拆下低压蓄电池负极，用绝缘胶带包好，如图 5-32、图 5-33 所示，断开整车低压控制电源。

图 5-32　低压蓄电池负极

图 5-33　用绝缘胶带包好

(3) 佩戴绝缘手套，断开车辆动力电池高压维修开关。操作流程如下。

① 拆卸后排座椅，取下后排座椅地垫，如图 5-34、图 5-35 所示。

② 拆卸动力电池维修开关螺栓，如图 5-36 所示。

③ 拆卸动力电池维修开关，如图 5-37 所示。

图 5-34　拆卸后排座椅

图 5-35　取下地垫

图 5-36　拆卸动力电池维修开关螺栓

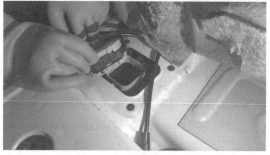

图 5-37　拆卸动力电池维修开关

(4) 然后静置车辆 5min 以上，让新能源汽车的高压电容器进行自放电。

(5) 按举升机操作要求举升车辆，在举升到需要高度时锁止举升机安全锁，如图 5-38 所示。

(6) 佩戴绝缘手套，拆下动力电池总正、总负和高低压插接件，如图 5-39 和图 5-40 所示，注意先拆低压插接件。

图 5-38　举升车辆并锁止

图 5-39　动力电池高、低压插接件

1—高压插接件；2—低压插接件

(a) 拆卸动力电池低压插接件

(b) 拆卸动力电池高压插接件

图 5-40　拆卸动力电池高、低压插接件

拆下动力电池高压插接件后要用万用表进行验电，检查母线侧和电池侧端子是否有残余电荷，如图 5-41 和图 5-42 所示。

图 5-41　动力电池母线侧进行验电

图 5-42　动力电池侧进行验电

如果母线侧有残余电荷，需用放电工装进行放电，如图 5-43 所示。放电完成后需要再验电，确保无残余电荷。

3. 检查与维护动力电池外观

做好高压安全防护准备，并用干布将动力电池箱表面清洁干净后，检查动力电池箱外观是否受到外界因素影响。外观检查与维护内容如下。

（1）检查动力电池箱标识是否清晰，有无破损，如图 5-44 所示。

（2）检查动力电池箱上盖有无裂痕、磕碰、凹陷、凸起等。

第五章
纯电动汽车动力电池系统的检修

图 5-43 动力电池母线侧进行放电

图 5-44 检查动力电池箱标识

（3）检查动力电池箱下托盘边缘有无变形、开裂，底部有无凹陷变形。
（4）检查动力电池箱下托盘压条螺钉有无松动，如图 5-45 所示。
（5）检查动力电池箱正、负极引出线附近螺栓有无断裂，如图 5-46 所示。

图 5-45 检查动力电池箱下托盘压条螺钉　　图 5-46 检查动力电池箱正、负极引出线附近螺栓

（6）检查动力电池采样线接口有无破损。

4. 检查与维护动力电池箱的密封性能

目视检查动力电池箱密封条有无裂痕、变形、破损。

5. 检查与维护动力电池紧固螺栓

用扭力扳手按规定次序和力矩紧固螺栓，按维修手册要求的力矩紧固螺栓（95～105 N·m），如图 5-47 所示。

6. 检查与维护动力电池外部高、低压插接件

(1) 目测动力电池高低压插接件连接是否可靠，有无变形、松脱、过热、损坏的情况，如图 5-48 所示。

图 5-47　检查与维护动力电池紧固螺栓

图 5-48　检查与维护动力电池高、低压插接件

(2) 检查动力电池高压插接件与高压控制盒输入插接件是否正常。

检查动力电池高压插接件与高压控制盒输入插接件是否正常；用电器插件与线束插件是否对插到位、连接是否牢固；插件内插针是否出现退针、插针弯曲等异常现象，如图 5-49 所示。

(a) 动力电池高压线束插件

(b) 动力电池高压输出电缆插件

(c) 动力电池低压线束插头

(d) 动力电池低压插件

图 5-49　检查动力电池高、低压插接件

7. 检查与维护动力电池的外部绝缘性

为了避免动力电池漏电,防止线路及内部短路,需要通过检查高压正极、负极搭铁的绝缘电阻来对动力电池高压母线的绝缘性能进行检查。

(1) 检查正极搭铁绝缘电阻。将绝缘表的黑表笔与车身接触,红表笔测量 1 端子,如图 5-50 和图 5-51 所示,正极绝缘状态为 550MΩ,大于标准值 1.4 MΩ,若不合格需修复或更换。

图 5-50 动力电池高压输出电缆针脚定义

1—高压负极输出针脚;2—高压正极输出针脚

图 5-51 检查正极搭铁绝缘电阻

(2) 检查负极搭铁绝缘电阻。将绝缘表黑表笔接于车身,红表笔测量 2 端子,如图 5-50、图 5-52 所示,负极绝缘状态为 550MΩ,大于标准值 0.1MΩ,若不合格需修复或更换。

8. 检查与维护 CAN 电阻

用万用表欧姆挡测量新能源 CAN H 和新能源 CAN L 电阻,如图 5-53 所示,若阻值为 120Ω 左右,则 CAN 网络电阻正常,否则需要修复或更换。低压端子定义如图 5-54 所示。

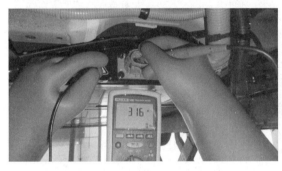

图 5-52 检查负极搭铁绝缘电阻

图 5-53 检查与维护 CAN 电阻

(二) 动力电池系统内部的检查与维护

1. 清洁动力电池箱内部

动力电池箱内部粉尘较多,会影响正常通信,应使用高压气枪清理动力电池箱内部粉尘。

2. 检查熔断器

用万用表测量熔断器的通断,检查熔断器的状态是否良好,能否正常工作,如损坏应予以更换。

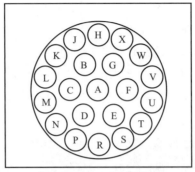

图 5-54 新能源 CAN H 和新能源 CAN L 端子

A、D、E、K、M、X—未使用；B—BMS 供电正极；C—Wake Up；F—负极继电器控制；G—BMS 供电负极；H—继电器供电正极；J—继电器供电负极；L—HVIL 信号；N—新能源 CAN 屏蔽；P—新能源 CANH；R—新能源 CANL；S—动力电池内部 CAN H；T—动力电池内部 CAN L；U—快充 CANH；V—快充 CANH；W—动力电池 CAN 屏蔽

3. 检查加热保险及电流传感器

检查加热保险及电流传感器工作性能，确保车辆正常通电。用万用表测量加热保险及电流传感器是否导通，如图 5-55 所示，如损坏则予以更换。

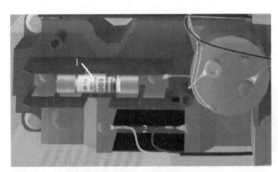

图 5-55 电流传感器与加热保险
1—加热保险；2—电流传感器

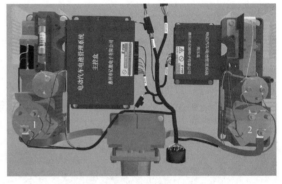

图 5-56 高压正极和负极继电器
1—高压负极继电器；2—高压正极继电器

4. 继电器线圈的检查

总正、总负继电器损坏会导致车辆无法正常通电，因此需对继电器线圈进行检查，如图 5-56 所示。

使用万用表欧姆挡检测高压正极和负极继电器的线圈电阻，如损坏应予以更换。

5. 预充电阻的检查

预充电阻能够限制预充电流的大小，避免电路短路，如图 5-57 所示。因此需要对其进行检查，以免直接影响动力电池的性能。用万用表欧姆挡检测预充电阻的电阻值是否正常，阻值为 40Ω 左右，如损坏应予以更换。

6. 检查与维护内部线缆

为防止动力电池内部线缆出现故障，影响电动汽车正常通电，检查动力电池插件线缆是否有破损、挤压、漏电等情况，如图 5-58 所示，如有异常，则修复或更换（注意：佩戴绝缘手套）。

图 5-57 检查预充电阻

图 5-58 动力电池内部高压线缆

7. 检查与维护动力电池模组连接件和安装点

检查动力电池模组各连接螺栓是否松动,并使用绝缘套筒及扭力扳手紧固,如图 5-59 所示。若未达到要求,则修复或更换。

注意:检查完成后需做好极柱绝缘。

8. 检查与维护动力电池的保温性能

检查动力电池内部边缘的保温棉是否有脱落、损坏,如图 5-60 所示。若损坏则需修复或更换。

图 5-59 检查动力电池模组连接件

图 5-60 检查动力电池内部保温性能

9. 检查与维护动力电池内部干燥性

目测动力电池箱内部是否有积水,并用绝缘表测量动力电池箱绝缘性能。

10. 检查与维护电芯防爆膜及外观

为防止电芯损坏导致漏电影响动力电池性能,检查电芯防爆膜、电芯外观绝缘是否破损,如图 5-61 所示,如有损坏应修复或更换。

11. 对动力电池箱内部温度采集点检查

用红外热像仪测量动力电池内部温度,并将该数据与 ECU 监控温度进行对比,检查温度传感器精度。

12. 检查动力电池加热系统

将动力电池箱通 12V 电压,打开专用监控软件,启动加热系统,观察风扇能否正常工作。

13. 检查动力电池内部绝缘性能

打开动力电池箱内部高压控制盒插头,用

图 5-61 检查电芯防爆膜及外观

数字绝缘表 DC 500V 挡测试总正、总负搭铁阻值，应大于等于 500Ω/V，若达不到则需要更换。

六、动力电池系统故障处理

（一）故障类别

三级故障：表明动力电池性能下降，电池管理系统降低最大允许充/放电电流。

二级故障：表明动力电池在此状态下功能已经丧失，请求其他控制器停止充电或者放电；其他控制器应在一定的延时时间内响应动力电池停止充电或放电请求。

一级故障：表明动力电池在此状态下功能已经丧失，请求其他控制器立即（1s 内）停止充电或放电。如果其他控制器在指定时间内未作出响应，电池管理系统将在 2s 后主动停止充电或放电（即断开高压继电器）。

备注：其他控制器响应动力电池二级故障的延时时间建议少于 60s，否则会引发动力电池上报一级故障。

（二）典型故障

1.【故障 1】动力电池高压母线连接故障

此故障的报出系 BMS 检测不到高低压互锁信号所致，所以排查步骤如下。

（1）首先用万用表测量线束端的 12V 是否导通，若导通则进入（2）。

（2）检查 MSD 是否松动，重新插拔后若问题依然存在，则进入（3）。

（3）插拔高压线束，看是否存在接触不良问题，若问题依然存在，则需联系电池工程师进行检测维修。

根据统计，此故障除了软件的误报之外，MSD 没插到位引起的故障占到 70%，高压线束端问题占到 20%，电池内部线束连接出问题的概率很小。

绝缘故障说明：无论电池自身还是电池外电路的高压回路上存在绝缘故障，电池都会上报，直接导致高压断开，在排查时要先断开动力电池与其他不见的连接，然后用摇表一次测量各部件的绝缘值。建议优先排查方向：高压盒、电机控制器、空调压缩机、PTC。如图 5-62 所示。

图 5-62 动力电池高压母线连接故障的排查

2. 【故障 2】动力电池绝缘故障

故障现象：仪表板提示动力电池绝缘故障。

排查步骤：首先需要说明，所有高压部分的绝缘性能都由动力电池检测，整车控制系统没有高压绝缘检测功能。如果出现绝缘故障，首先需要用绝缘表检测动力电池绝缘性，如果动力电池绝缘阻值达不到规定值（500 MΩ），需要进行动力电池维修。

（1）动力电池绝缘检测方法 用绝缘表的正极表笔与动力电池的 1 号端子充分连接（图 5-63），负极表笔与动力电池外箱体充分连接，测得的绝缘阻值应大于 500MΩ。再用同样方法测量 2 号端子，阻值同样需要大于 500MΩ。

（2）动力电池输出高压电缆绝缘检测方法 将绝缘表的正极表笔分别与动力电池输出高压电缆内芯的 A、B 端子充分连接（图 5-64），负极表笔与动力电池高压电缆外壳体充分连接，测得的绝缘阻值均应大于 500 MΩ。

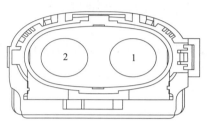

图 5-63 动力电池端子图

（3）电机控制器与高压控制盒连接电缆的绝缘检测方法 找到电机控制器与高压控制盒连接的 4 芯电缆，将绝缘表的正极表笔分别与电缆内芯的 A、B 端子充分连接（图 5-65），负极表笔与电缆外壳充分连接，测得的绝缘阻值均应大于 500 MΩ。

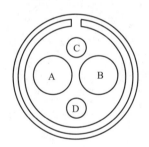

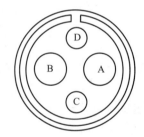

图 5-64 动力电池输出高压电缆端子图　　图 5-65 电机控制器高压电缆端子图

（4）电机控制器电缆正极绝缘检测方法 将绝缘表的正极表笔与电机控制器高压电缆的正极内芯充分连接，将负极表笔与高压电缆的外壳充分连接（图 5-66），测得的绝缘阻值应大于 500MΩ，如低于 500MΩ 则应更换高压电缆。

（5）电机控制器电缆负极绝缘检测方法 将绝缘表的正极表笔与电机控制器高压电缆的负极内芯充分连接，将负极表笔与高压电缆的外壳充分连接，测得的绝缘阻值应大于 500MΩ，如低于 500MΩ 则应更换高压电缆。

（6）高压控制盒 11 芯插件绝缘检测方法 高压控制盒的 11 芯高压电缆是集成了空调压缩机、车载充电机、DC/DC 及 PTC 的高压线束总成。检测高压线束总成的绝缘阻值时，首先需要令高压线束与各用电器处于完全断开状态，否则无法确定高压线束总成绝缘阻值是否正常。检测时，同样要求各端子与外壳之间的阻值大于 500MΩ。高压控制盒 11 芯插件各端子定义如图 5-67 所示。

（7）DC/DC 高压线束 4 芯插件绝缘检测方法 将绝缘表的正极表笔与电缆内芯充分连接，负极表笔与电缆外金属壳充分连接（图 5-68），测得的阻值应大于 500MΩ。

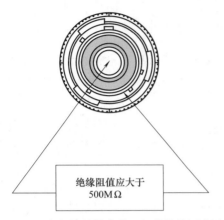

图 5-66 电机控制器电缆正极绝缘检测方法

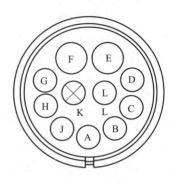

图 5-67 高压控制盒 11 芯插件各端子定义
A—DC/DC 电源正极；B—PTC 电源正极；C—压缩机电源正极；D—PTC-A 组负极；E—充电机电源正极；F—充电机电源负极；G—DC/DC 电源负极；H—压缩机电源负极；J—PTC-B 组负极；K—互锁信号线；L—空引脚

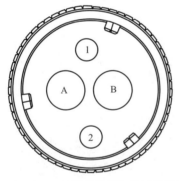

图 5-68 DC/DC 高压线束 4 芯插件端子图

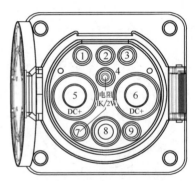

图 5-69 快充接口端子图

(8) 快充线束绝缘检测方法　将绝缘表的正极表笔分别与快充接口的 5、6 端子充分连接（图 5-69），负极表笔与车身搭铁充分连接，测得的绝缘阻值应大于 500MΩ，低于 500MΩ 则判定为绝缘不合格，需要更换快充线束总成。

(9) 驱动电机 U、V、W 高压电缆绝缘阻值测量方法

① 车辆在充电或行驶中提示动力电池绝缘故障，在检测其他高压系统绝缘阻值正常的情况下，需检查驱动电机高压电缆绝缘阻值是否正常。检测时，将绝缘表的正极表笔分别与驱动电机的 U、V、W 端子充分连接（图 5-70），负极表笔与驱动电机壳体充分连接，测得的绝缘阻值应大于 500MΩ。如果确定驱动电机绝缘阻值过低，应维修电机。

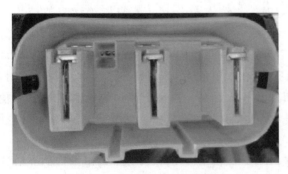

图 5-70 驱动电机高压电缆接口

② 以上绝缘阻值都检测合格后仍偶尔提示绝缘故障，应用上位机进行检查或开箱进行动力电池内部高压主板检测。

3. 【故障3】动力电池断电故障检测

故障现象：启动车辆时，仪表板提示动力电池故障灯（图5-71），或动力电池高压断开故障灯（图5-72）。

图 5-71 动力电池故障灯

图 5-72 动力电池高压断开故障灯

排查步骤如下。

（1）读取故障码。首先使用北汽新能源专用诊断仪读取故障码，再进行下一步检查。

（2）检查供电熔丝。检查前机舱电器盒内的动力电池低压供电熔丝是否熔断（图5-73）。

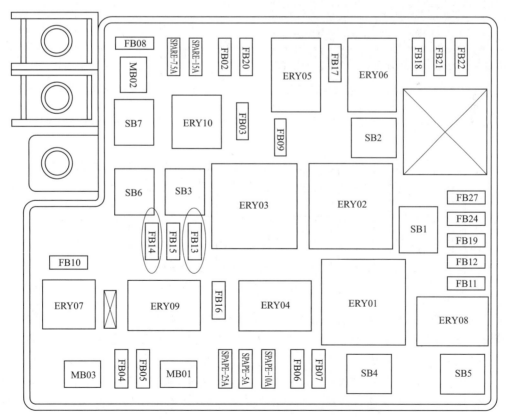

图 5-73 检查前机舱电器盒内的动力电池低压供电熔丝

(3) 检查动力电池低压供电。检查熔丝正常后，再进一步检查动力电池低压供电。具体检测方法是：将车辆升起，断开动力电池低压控制插件，打开点火开关至 ON 挡，随后用万用表负极接车身搭铁，正极分别测量动力电池低压控制插件 B、H、L 端子的供电电压（图 5-74），正常情况下应为 12V。

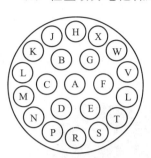

图 5-74 动力电池低压控制插件端子图

(4) 检查电源线通断。如果以上测量无 12V 电源，则需要测量电源线是否有短路、断路现象。测量时，可以使用万用表的通断挡，分别测量动力电池低压控制插件 B、H、L 端子到前机舱电器盒对应端子的通断情况（图 5-75）。如果线束测量正常，则更换前机舱电器盒总成；如果线束有短路或断路现象，则更换低压电机线束。

(5) 检查低压电机与整车控制器的连接。如果动力电池负极继电器未吸合，则检查动力电池低压控制插件 F 端子与整车控制器（VBU）的 97 号端子之间的通断（图 5-76）。如果断路，需要更换低压电机线束；如果导通，则继续检查整车控制器（VBU）以及动力电池负极继电器。动力电池负极继电器的检测必须由动力电池厂家售后工程师进行，其他人员严禁私自拆解动力电池箱进行检查。

图 5-75 动力电池到前机舱电器盒连接插件

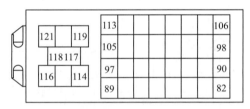

图 5-76 检查整车控制器的 97 号端子

(6) 检查低压唤醒线。检查动力电池低压控制插件 C 端子与整车控制器（VBU）的 81 号端子之间的通断（图 5-77）。

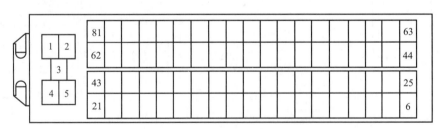

图 5-77 检查整车控制器的 81 号端子

(7) 检测动力电池内部预充电电阻。将万用表调至电阻挡，两支表笔分别与动力电池低压控制插件的 P、R 端子充分连接，测得阻值应为 120Ω。如果阻值不正确，应联系动力电池厂家售后工程师进行维修。

(8) 检测动力电池低压控制插件搭铁线。检测动力电池低压控制插件的 G 端子与车身搭铁间是否导通。如不导通，应检查车身搭铁是否锈蚀或虚接，如确定线束断路则需要更换线束。

（9）检测动力电池低压继电器搭铁线。检测动力电池低压控制插件的 J 端子与车身搭铁是否导通。如不导通，应检查车身搭铁是否锈蚀或虚接，如确定线束断路，则需要更换低压电机线束。如果线束正常，应联系动力电池厂家售后工程师。

（10）检查动力电池维修开关和主熔断器。如果以上整车线束及整车控制器（VBU）的检查都正常，则将动力电池拆下，检查维修开关是否松动。如果未松动，需将维修开关从动力电池上拆下，用万用表测量维修开关主熔断器是否熔断。如果熔断，应联系动力电池厂家售后工程师进行更换。

第二节 比亚迪 E6 动力电池系统的检修

一、比亚迪 E6 动力电池系统简介

动力电池系统是 EV 车动力能源，它为整车驱动和其他用电器提供电能。比亚迪 E6 的动力电池系统由动力电池模组、电池信息采集器、串联线、托盘、密封罩、电池采样线组成，其额定总电压为 653.4V，总电量为 42.47kW·h。

动力电池布置在整车地板下面，位置如图 5-78 所示。

图 5-78　比亚迪动力电池位置

（一）比亚迪 E6 纯电动汽车电池组

比亚迪纯电动汽车采用磷酸铁锂电池，简称铁电池，也是锂电池的一种，它放在汽车底部，由 90 个单体电池组成，总电压 307V，电池容量达 220A·h，可以使续驶里程达到 300km，如图 5-79 所示。

（二）比亚迪 E6 动力电池管理系统

1. 功能与安装位置

电池管理系统（BMS）是动力电池的"大脑"。比亚迪 E6 采用分布式电池管理系统，由 1 个电池管理器和 11 个电池信息采集器（BIC）及动力电池采样线组成。

电池管理器是监控动力电池包、保证动力电池包正常工作的监控单元，主要目的为了保证每节串联电池的电压、电流等各项性能指标的一致性。由于电池的原理像木桶效应，某一节板短的话，所有电池性能都将按照这一节性能计算，这将对电池可靠性提出极其高的要求，为了防止过充、过放、过温等一系列影响单节电池性能的问题出现，通过电池管理器进行监控，保证单体电池工作在正常工作状态下。

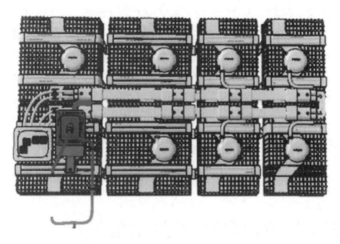

图 5-79　比亚迪 E6 纯电动汽车电池组

电池管理器是 E6 动力控制部分的核心，负责整车电动系统的电力控制并实施监测高压电力系统的用电状态，采取保护措施，保证车辆安全行驶。其详细功能有充放电管理、接触器控制、功率控制、电池异常状态报警和保护、SOC/SOH（剩余电量/容量）计算、自检以及通信功能等。

电池信息采集器的主要功能有电池电压采样、温度采样、电池均衡、采样线异常检测等。

动力电池采样线的主要功能是连接电池管理器和电池信息采集器，实现两者之间的通信及信息交换。

如图 5-80 所示，比亚迪电动汽车电池管理系统置于发动机室上部，同时还有动力配电箱与其配合，通过配电箱对电池包体中巨大的能量进行控制，它相当于一个大型的电闸，通过继电器的吸合来控制电流通断，将电流进行分流。关键零部件为继电器，为了控制如此大的电流通过整车，需要几个继电器的并联工作。

电池管理器主要通信接口线如图 5-81 所示。

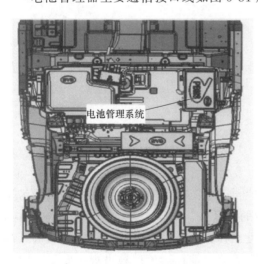

图 5-80　电池管理系统位置

图 5-81　电池管理器主要通信接口线

2. 电池管理器控制框图

如图 5-82 所示,电池管理器连接在车辆的动力及充电 CAN BUS 网络上,并通过专用信号采样线采集动力电池包内每个单体电池的电压、电池的温度信号。此外,还会结合来自整车控制器的指令,通过控制位于高压配电箱内接触器的通断,来控制流向电动机控制器的高压电接通,以及外部充电功能。

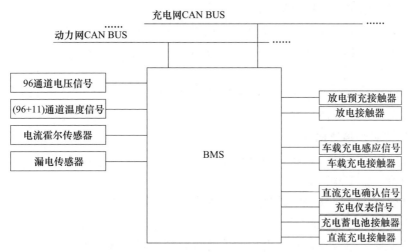

图 5-82 电池管理系统输入与输出信号

3. 电池管理系统的故障检测与自我保护

电池管理系统能够在运行过程中实现对电池系统的故障诊断,具体见表 5-3。

表 5-3 电池管理系统故障诊断表

故障状态	电池管理系统故障诊断状况
模块温度>65℃	1 级故障:一级高温警告
模块(单体)电压>3.85V	1 级故障:一般高压警告
模块(单体)电压<2.6V	1 级故障:一般低压警告
充电电流>300A	1 级故障:充电过流警告
放电电流>450A	1 级故障:放电过流警告
绝缘电阻<设定值	1 级故障:一般漏电警告
模块温度>70℃	2 级故障:严重高温警告
模块(单体)电压>4.1V	2 级故障:严重高压警告
模块(单体)电压<2.0V	2 级故障:严重低压警告
绝缘电阻<设定值	2 级故障:严重漏电警告

同时,也会根据检测到的故障运行自我保护诊断,见表 5-4。

表 5-4 故障运行自我保护诊断表

故障类别	整车系统级别的故障响应和处理	电池管理系统硬件响应
1 级故障	电池管理系统发出警告后,整车的其他控制器模块可以根据具体故障内容启动相应的故障处理机制	无
2 级故障:温度高		关断直流动力回路
2 级故障:电压高		关断直流动力回路
2 级故障:电压低		关断直流动力回路
2 级故障:严重漏电		不允许放电

二、动力电池系统故障诊断

(一) 动力电池故障诊断基本思路及要求

1. 动力电池故障诊断基本思路

(1) 通过故障诊断仪读取电池组数据,并配合接线板进行实测,通过最终数据判断是动力电池故障还是电源管理控制器或其他组件故障。

(2) 单节电池电压值异常,单节电压过高会导致无法充电,过低会导致断电保护。充电过程中,单节最高电压应低于3.8V,行车过程中,单节电压低于2.2V会断电保护,低于2.4V系统报警。

(3) 单节电池温度异常,温度过高会导致无法充电(高于65℃充电保护)。

(4) 电池包损坏、漏液、漏电检测。

2. 动力电池对外绝缘电阻要求

(1) 绝缘电阻值的要求。在动力电池的整个寿命内,根据标准计算方法计算得到绝缘电阻值,所得值大于100Ω/V。

(2) 测试前要求。在整个测试过程中,动力电池的开路电压等于或高于其标称电压值,动力电池两极应与动力装置断开。

(3) 测量工具。能够测量直流电压的伏特表,其内阻应大于10MΩ。

(二) 动力电池故障诊断流程(图5-83)

图5-83 动力电池故障诊断流程

(三) 动力电池更换流程

若确定动力电池有问题需要维修,应在厂家的指导下更换电池,按图5-84所示步骤拆卸更换。

第五章 纯电动汽车动力电池系统的检修

```
1  将车辆退电至OFF挡,等待5min
   NEXT
2  用举升机将整车升起到合适的高度
   NEXT
3  使用专用的举升设备托着电池包
   NEXT
4  佩戴绝缘手套,拔掉电池包的电池信息采样通信线接插件,然后拔直流母线接插件
   NEXT
5  使用M18的套筒卸掉托盘周边紧固件,卸下动力电池包
   NEXT
6  佩戴绝缘手套,用万用表测试更新的动力电池包母线是否有电压输出,没有电压输出就更换装车
   NEXT
7  佩戴绝缘手套,将新的动力电池包放到装电池包举升设备上
   NEXT
8  佩戴绝缘手套,安装托盘的紧固件,力矩135N·m
   NEXT
9  佩戴绝缘手套,接动力电池包直流母线接插件,然后接电池信息采样通信线接插件
   NEXT
10 上电,检测动力电池系统问题是否解决,若无问题,结束
```

图 5-84 动力电池更换流程

(四)动力电池管理器故障诊断

1. 终端诊断

(1) 断开动力电池管理器连接器。

(2) 测量线束端输入电压。

(3) 接回电池管理器连接器。

(4) 测量各端子值。正常值见表5-5。

表 5-5 连接端子正常值

连接端子	端子描述	线色	条件	正常值
BMC01-1~GND	高压互锁输出信号	W	ON挡/OK挡/充电	PWM脉冲信号
BMC01-2~GND	一般漏电信号	L/W	一般漏电	小于1V
BMC01-6~GND	整车低压地	B	始终	小于1V
BMC01-9~GND	主接触器拉低控制信号	Br	整车上高压电	小于1V
BMC01-10~GND	严重漏电信号	Y/G	严重漏电	小于1V
BMC01-14~GND	12V蓄电池正	G/R	ON挡/OK挡/充电	9~16V
BMC01-17~GND	主预充接触器拉低控制信号	W/L	预充过程中	小于1V
BMC01-26~GND	直流霍尔信号	W/B	电源ON挡	0~4.2V
BMC01-27~GND	电流霍尔+15V	Y/B		9~16V
BMC01-28~GND	直流霍尔屏蔽地	Y/G		

续表

连接端子	端子描述	线色	条件	正常值
BMC01-29～GND	电流霍尔-15V	R/G	ON 挡/OK 挡/充电	−16～−9V
BMC01-30～GND	整车低压地	B	始终	小于 1V
BMC01-31～GND	仪表充电指示灯信号	G	充电时	
BMC01-33～GND	直流充电正、负极接触器拉低控制信号	Gr		小于 1V
BMC01-34～GND	交流充电接触器控制信号	G/W	始终	小于 1V
BMC02-1～GND	12V DC 电源正	R/B	电源 ON 挡/充电	11～14V
BMC02-4～GND	直流充电感应信号	Y/R	充电时	
BMC02-G～GND	整车低压低	B	始终	
BMC02-7～GND	高压互锁输入信号	W	ON 挡/OK 挡/充电	PWM 脉冲信号
BMC02-11～GND	直流温度传感器高	G/Y	ON 挡/OK 挡/充电	2.5～3.5V
BMC02-13～GND	直流温度传感器低	R/W		
BMC02-14～GND	直流充电口 CAN2H	P		
BMC02-15～GND	整车 CAN1H	P	ON 挡/OK 挡/充电	1.5～2.5V
BMC02-16～GND	整车 CAN 屏蔽地			
BMC02-18～GND	VTOG/车载感应信号	L/B	充电时	小于 1V
BMC02-20～GND	直流充电口 CAN2L	V	直流充电时	
BMC02-21～GND	直流充电口 CAN 屏蔽地		始终	小于 1V
BMC02-22～GND	整车 CANH	V	ON 挡/OK 挡/充电	1.5～2.5V
BMC02-25～GND	碰撞信号	Y/G	启动	约～15V
BMC03-1～GND	采集器 CANL	V	ON 挡/OK 挡/充电	1.5～2.5V
BMC03-2～GND	采集器 CAN 屏蔽地		始终	小于 1V
BMC03-3～GND	1#分压接触器拉低控制信号	G/B		小于 1V
BMC03-4～GND	2#分压接触器拉低控制信号	Y/B		小于 1V
BMC03-7～GND	BIC 供电电源正	R/L	ON 挡/OK 挡/充电	9～16V
BMC03-8～GND	采集器 CANH	P	ON 挡/OK 挡/充电	2.5～3.5V
BMC03-10～GND	负极接触器拉低控制信号	L/B	接触器吸合时	小于 1V
BMC03-11～GND	正极接触器拉低控制信号	R/G	接触器吸合时	小于 1V
BMC03-14～GND	1#分压接触器 12V 电源	G/R	ON 挡/OK 挡/充电	9～16V
BMC03-15～GND	2#分压接触器 12V 电源	L/R	ON 挡/OK 挡/充电	9～16V
BMC03-20～GND	负极接触器 12V 电源	Y/W	ON 挡/OK 挡/充电	9～16V
BMC03-21～GND	正极接触器 12V 电源	R/W	ON 挡/OK 挡/充电	9～16V
BMC03-26～GND	采集器电源地	R/Y	ON 挡/OK 挡/充电	

2. 诊断流程（图 5-85）

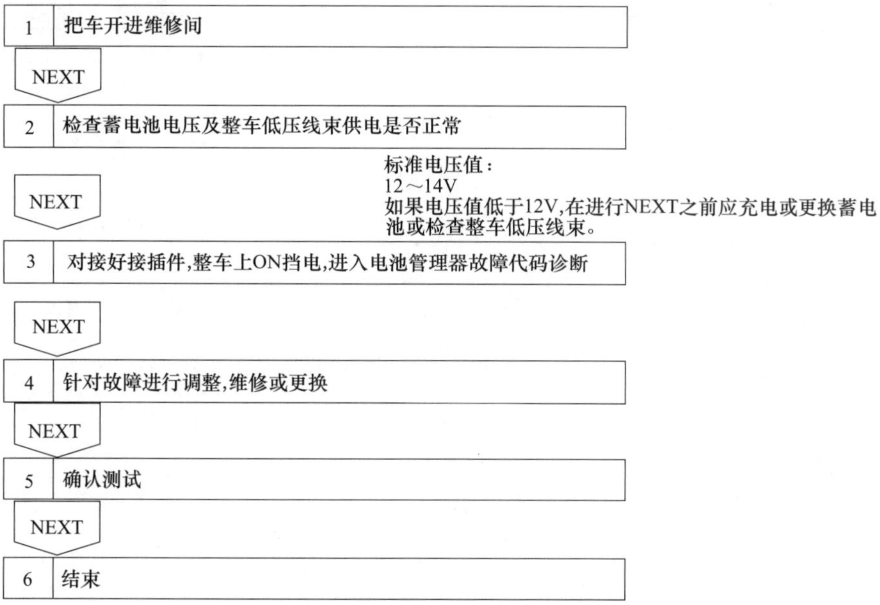

1　把车开进维修间
NEXT
2　检查蓄电池电压及整车低压线束供电是否正常
　　标准电压值：
　　12～14V
　　如果电压值低于12V，在进行NEXT之前应充电或更换蓄电池或检查整车低压线束。
NEXT
3　对接好接插件，整车上ON挡电，进入电池管理器故障代码诊断
NEXT
4　针对故障进行调整，维修或更换
NEXT
5　确认测试
NEXT
6　结束

图 5-85　动力电池管理器诊断流程

3. 故障代码（表 5-6）

表 5-6　故障代码表

DTC	描述	应检查部位
P1A0000	严重漏电故障	检查动力电池、四合一、空调压缩机和PTC
P1A0100	一般漏电故障	检查动力电池、四合一、空调压缩机和PTC
P1A0200	BIC1 工作异常故障	采集器 1
P1A0300	BIC2 工作异常故障	采集器 2
P1A0400	BIC3 工作异常故障	采集器 3
P1A0500	BIC4 工作异常故障	采集器 4
P1A0600	BIC5 工作异常故障	采集器 5
P1A0700	BIC6 工作异常故障	采集器 6
P1A0800	BIC7 工作异常故障	采集器 7
P1A0900	BIC8 工作异常故障	采集器 8
P1A0A00	BIC9 工作异常故障	采集器 9
P1A0B00	BIC10 工作异常故障	采集器 10
P1A9800	BIC11 工作异常故障	采集器 11
P1A9900	BIC12 工作异常故障	采集器 12
P1A9A00	BIC13 工作异常故障	采集器 13
P1A0C00	BIC1 电压采样异常故障	电池模组 1；软件会自己屏蔽掉，无需处理，若无法屏蔽则需更换电池模组
P1A0D00	BIC2 电压采样异常故障	电池模组 2；软件会自己屏蔽掉，无需处理，若无法屏蔽则需更换电池模组

续表

DTC	描述	应检查部位
P1A0E00	BIC3 电压采样异常故障	电池模组 3；软件会自己屏蔽掉，无需处理，若无法屏蔽则需更换电池模组
P1A0F00	BIC4 电压采样异常故障	电池模组 4；软件会自己屏蔽掉，无需处理，若无法屏蔽则需更换电池模组
P1A1000	BIC5 电压采样异常故障	电池模组 5；软件会自己屏蔽掉，无需处理，若无法屏蔽则需更换电池模组
P1A1100	BIC6 电压采样异常故障	电池模组 6；软件会自己屏蔽掉，无需处理，若无法屏蔽则需更换电池模组
P1A1200	BIC7 电压采样异常故障	电池模组 7；软件会自己屏蔽掉，无需处理，若无法屏蔽则需更换电池模组
P1A1300	BIC8 电压采样异常故障	电池模组 8；软件会自己屏蔽掉，无需处理，若无法屏蔽则需更换电池模组
P1A1400	BIC9 电压采样异常故障	电池模组 9；软件会自己屏蔽掉，无需处理，若无法屏蔽则需更换电池模组
P1A1500	BIC10 电压采样异常故障	电池模组 10；软件会自己屏蔽掉，无需处理，若无法屏蔽则需更换电池模组
P1AA200	BIC11 电压采样异常故障	电池模组 11；软件会自己屏蔽掉，无需处理，若无法屏蔽则需更换电池模组
P1AA300	BIC12 电压采样异常故障	电池模组 12；软件会自己屏蔽掉，无需处理，若无法屏蔽则需更换电池模组
P1AA400	BIC13 电压采样异常故障	电池模组 13；软件会自己屏蔽掉，无需处理，若无法屏蔽则需更换电池模组
P1A2000	BIC1 温度采样异常故障	采集器 1
P1A2100	BIC2 温度采样异常故障	采集器 2
P1A2200	BIC3 温度采样异常故障	采集器 3
P1A2300	BIC4 温度采样异常故障	采集器 4
P1A2400	BIC5 温度采样异常故障	采集器 5
P1A2500	BIC6 温度采样异常故障	采集器 6
P1A2600	BIC7 温度采样异常故障	采集器 7
P1A2700	BIC8 温度采样异常故障	采集器 8
P1A2800	BIC9 温度采样异常故障	采集器 9
P1A2900	BIC10 温度采样异常故障	采集器 10
P1AAC00	BIC11 温度采样异常故障	采集器 11
P1AAD00	BIC12 温度采样异常故障	采集器 12
P1AAE00	BIC13 温度采样异常故障	采集器 13
P1A2A00	BIC1 均衡电路故障	采集器 1
P1A2B00	BIC2 均衡电路故障	采集器 2

续表

DTC	描述	应检查部位
P1A2C00	BIC3 均衡电路故障	采集器 3
P1A2D00	BIC4 均衡电路故障	采集器 4
P1A2E00	BIC5 均衡电路故障	采集器 5
P1A2F00	BIC6 均衡电路故障	采集器 6
P1A3000	BIC7 均衡电路故障	采集器 7
P1A3100	BIC8 均衡电路故障	采集器 8
P1A3200	BIC9 均衡电路故障	采集器 9
P1A3300	BIC10 均衡电路故障	采集器 10
P1AB600	BIC11 均衡电路故障	采集器 11
P1AB700	BIC12 均衡电路故障	采集器 12
P1AB800	BIC13 均衡电路故障	采集器 13
P1A3400	预充失败故障	检查动力电池、高压配电箱、电机控制器与 DC 总成、空调压缩机、PTC 和高压线束、漏电传感器
P1A3500	动力电池单节电压严重过高	动力电池
P1A3600	动力电池单节电压一般过高	动力电池
P1A3700	动力电池单节电压严重过低	动力电池
P1A3800	动力电池单节电压一般过低	动力电池
P1A3900	动力电池单节温度严重过高	动力电池
P1A3A00	动力电池单节温度一般过高	动力电池
P1A3B00	动力电池单节温度严重过低	动力电池
P1A3C00	动力电池单节温度一般过低	动力电池
P1A3D00	负极接触器回检故障	电池管理器低压线束、高压电控总成
P1A3E00	主接触器回检故障	电池管理器低压线束、高压电控总成
P1A3F00	预充接触器回检故障	电池管理器低压线束、高压电控总成
P1A4000	充电接触器回检故障	电池管理器低压线束、高压电控总成
P1A4100	主接触器烧结故障	
P1A4200	负极接触器烧结故障	电池包
P1A4300	电池管理器+15V 供电过高故障	电池管理器、蓄电池
P1A4400	电池管理器+15V 供电过低故障	电池管理器、蓄电池
P1A4500	电池管理器-15V 供电过高故障	电池管理器、蓄电池
P1A4600	电池管理器-15V 供电过低故障	电池管理器、蓄电池
P1A4700	交流充电感应信号断线故障	高压电控总成、电池管理器、低压线束
P1A4800	主电机开盖故障	高压电控总成
P1A4900	高压互锁自检故障	电池管理器、高压电控总成、低压线束
P1A4A00	高压互锁一直检测为高信号故障	电池管理器、高压电控总成、低压线束
P1A4B00	高压互锁一直检测为低信号故障	电池管理器、高压电控总成、低压线束
P1A4C00	漏电传感器失效故障	漏电传感器、低压线束、电池管理器

续表

DTC	描述	应检查部位
P1A4D00	电流霍尔传感器故障	霍尔传感器
P1A4E00	电池组过流告警	整车电流过大、霍尔传感器故障
P1A4F00	电池管理系统初始化错误	电池管理器
P1A5000	电池管理系统自检故障	电池管理器
P1A5100	碰撞硬线信号 PWM 异常告警（预留）	安全气囊 ECU、低压线束、电池管理器
P1A5200	碰撞系统故障（预留）	安全气囊 ECU、低压线束、电池管理器
P1A5500	电池管理器 12V 电源输入过高	蓄电池
P1A5600	电池管理器 12V 电源输入过低	蓄电池
P1A5700	大电流拉断接触器	整车电流过大、霍尔传感器故障
P1A5800	放电回路故障（预留）	/
P1A5900	与高压电控器通信故障	高压电控总成、低压线束
P1A5A00	与漏电传感器通信故障	漏电传感器、低压线束
P1A5B00	与气囊 ECU 通信故障	气囊 ECU、低压线束
P1A5C00	分压接触器 1 回检故障	分压接触器、模组采样通信线
P1A5D00	分压接触器 2 回检故障	分压接触器、模组采样通信线
U20B000	BIC1CAN 通信超时故障	采集器、CAN 线
U20B100	BIC2CAN 通信超时故障	采集器、CAN 线
U20B200	BIC3CAN 通信超时故障	采集器、CAN 线
U20B300	BIC4CAN 通信超时故障	采集器、CAN 线
U20B400	BIC5CAN 通信超时故障	采集器、CAN 线
U20B500	BIC6CAN 通信超时故障	采集器、CAN 线
U20B600	BIC7CAN 通信超时故障	采集器、CAN 线
U20B700	BIC8CAN 通信超时故障	采集器、CAN 线
U20B800	BIC9CAN 通信超时故障	采集器、CAN 线
U20B900	BIC10CAN 通信超时故障	采集器、CAN 线
U20BA00	BIC11CAN 通信超时故障	采集器、CAN 线
U20BB00	BIC12CAN 通信超时故障	采集器、CAN 线
U20BC00	BIC13CAN 通信超时故障	采集器、CAN 线
U029700	有感应信号但没有车载报文故障	车载充电器、低压线束
U012200	有感应信号但没有启动 BMS 报文故障（低压 BMS）	蓄电池、低压线束
P1A6000	高压互锁故障	电池管理器、高压电控总成、低压线束

4. 电池管理控制器更换流程

若确认电池管理器有问题,导致车辆不能运行,应按图5-86所示步骤进行拆卸。

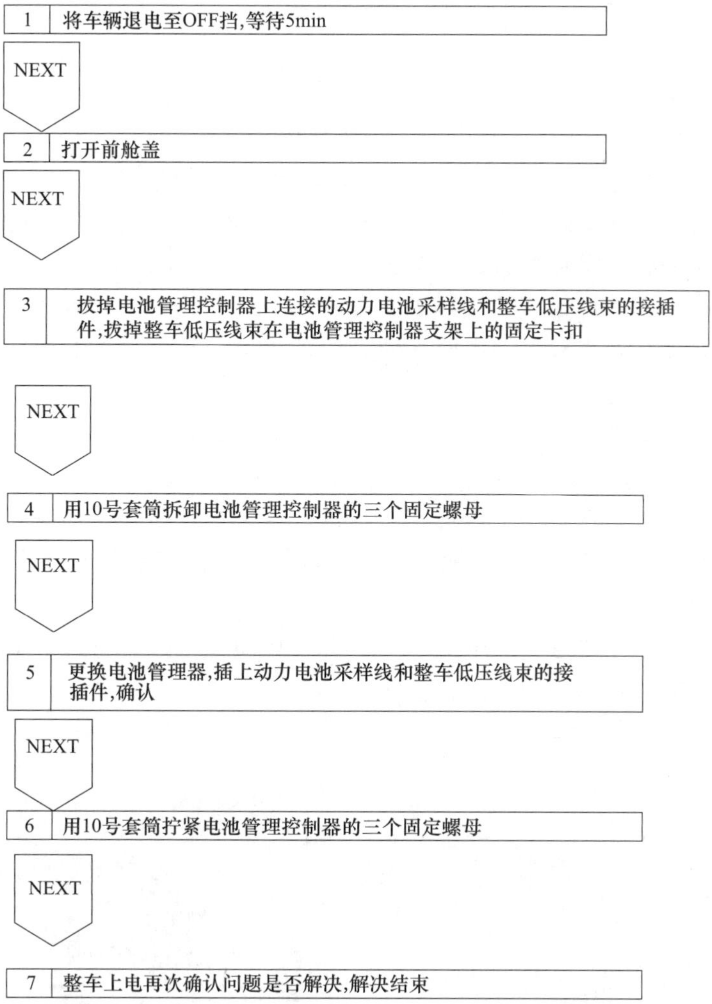

```
1  将车辆退电至OFF挡,等待5min
   ↓ NEXT
2  打开前舱盖
   ↓ NEXT
3  拔掉电池管理控制器上连接的动力电池采样线和整车低压线束的接插
     件,拔掉整车低压线束在电池管理控制器支架上的固定卡扣
   ↓ NEXT
4  用10号套筒拆卸电池管理控制器的三个固定螺母
   ↓ NEXT
5  更换电池管理器,插上动力电池采样线和整车低压线束的接
     插件,确认
   ↓ NEXT
6  用10号套筒拧紧电池管理控制器的三个固定螺母
   ↓ NEXT
7  整车上电再次确认问题是否解决,解决结束
```

图 5-86　动力电池管理控制器更换流程

三、比亚迪纯电动汽车动力电池的检测

警告:

(1) 禁止未参加该车型高压系统知识培训的维修人员拆卸高压系统,包括手动维修开关、高压电池包、驱动电机、电力电子箱、高压配电单元、高压线束、空调压缩机、交流充电线束、快速充电口、电加热器、慢充电器。

(2) 在拆卸或装配高压配件时,必须断开12V电源和高压电池包上的手动维修开关。

(3) 在进行高压相关操作区,维修人员必须检查绝缘手套是否有破损的地方,确保手套无绝缘失效。

(4) 在安装和拆卸过程中,应防止制动液、洗涤剂等液体进入或飞溅到高压部件。

1. 前期准备工作

(1) 断开点火开关,挂入P挡,拔出车钥匙。

(2) 打开蓄电池负极端子防护盖。

(3) 用扳手松开蓄电池负极螺栓。

(4) 断开蓄电池负极线，并固定好蓄电池负极线，防止工作时负极线与蓄电池重新连接。

(5) 拆卸扶手箱内底部的盖板。

(6) 用螺丝刀拆下 USB 及点烟器接口集成器上面的 4 个螺钉，并取出。

警告：高压操作前，维修人员必须穿戴好劳保用品，戴好绝缘手套，穿好高压绝缘鞋。在戴绝缘手套前，必须要检查手套是否有破损的地方，确保手套无绝缘失效。

(7) 检查绝缘手套外观有无明显磨损痕迹。

(8) 检查绝缘手套密封性：①卷起手套边缘；②折叠开口，并封住手套开口；③向手套内吹气，确认有无空气泄漏；④用同样的方法检查第二只手套；⑤确认密封良好后，佩戴绝缘手套。

(9) 轻轻向上掀起维修开关把手，当把手与维修开关垂直时，向上拔出维修开关。

(10) 拆下手动维修开关，等待 5 min。

警告：正常情况下，在拆除手动维修开关后，高压系统还存在高压电，这是因为电机控制器中存在高压电造成的，需要经过一段时间的等待，高压电容中的电才能被完全释放。

2. 动力电池电压检测

(1) 如图 5-87 所示，拆卸动力电池母线，拉出限位销，拔出动力电池高压母线负极。

(2) 拉出限位销，拔出动力电池高压母线正极。

(3) 如图 5-88 所示，安装维修开关。

图 5-87 拆卸动力电池母线

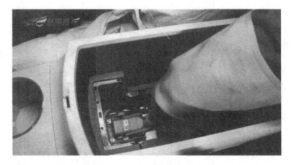

图 5-88 安装维修开关

(4) 安装低压蓄电池负极。

(5) 按下电源开关。

(6) 将万用表旋至直流电压挡（图 5-89）。

(7) 将红黑表笔分别插入动力电池高压正、负极端子，测得动力电池高压接线柱电压 307V（图 5-90）。

(8) 拔出表笔，关闭万用表。

(9) 安装电池母线。

(10) 拆下蓄电池负极。

(11) 拆下手动维修开关，等待 5min。

（12）对准限位槽，安装动力电池高压母线负极，插入限位销。

图 5-89　将万用表旋至直流电压挡

图 5-90　测量动力电池电压

（13）对准限位槽，安装动力电池高压母线正极，插入限位销。

（14）安装维修开关。

（15）安装低压蓄电池负极。

3．动力电池组及单个电池电压数据的检测

警告：在接通汽车后诊断仪屏幕会亮起，若程序未运行或出现乱码情景，可拔下仪器的数据线重新连接一次，即可继续操作；并且应确保测试接头盒诊断仪器接触良好，以保证信号传输不会中断。

（1）打开诊断仪工具箱。

（2）取出连接线。

（3）取出诊断仪器。

（4）连接诊断仪器上的数据接头。

（5）如图 5-91 所示，连接车辆 OBD-Ⅱ诊断座。

（6）启动车辆。

（7）选择高压电池管理器。

（8）读取电脑版本，读取完毕后退出。

（9）读取系统故障码，读取完毕后退出。

（10）读取数据流。

① 查看单体电池、均衡累计时间数据。

② 查看电池包电压采样数据。

③ 查看电池包温度采样数据。

图 5-91　连接车辆 OBD-Ⅱ诊断座

（11）退出至诊断仪主菜单。

（12）关闭仪器，拆卸接线。

4．高压配电箱的更换

（1）高压配电箱的拆卸

① 在后座椅上铺翼子板护垫。

② 拆下后排座椅坐垫左右两侧固定螺栓。

③ 掀开后排座椅坐垫前方左右两侧固定卡钩，取出后排座椅坐垫。

④ 取出行李舱盖板，取出随车工具（图 5-92）。

⑤ 拆卸高压配电箱保护盖后部 2 个固定螺栓（图 5-93）。

图 5-92 取出行李舱盖板及随车工具

图 5-93 拆卸高压配电箱保护盖后部 2 个固定螺栓

⑥ 拆卸高压配电箱保护盖前部 2 个固定螺栓（图 5-94）。
⑦ 取下左右两侧后排座椅转轴支架护罩（图 5-95）。

图 5-94 拆卸高压配电箱保护盖前部 2 个固定螺栓

图 5-95 取下左右两侧后排座椅转轴支架护罩

⑧ 拉下座椅左右两侧固定导索（图 5-96）。
⑨ 拆下后排座椅转轴支架螺栓。
⑩ 后排座椅靠垫搬出驾驶室。
⑪ 挑开与高压配电箱盖板相连接的安全气囊线束（图 5-97）。

图 5-96 拉下座椅左右两侧固定导索

图 5-97 挑开安全气囊线束

⑫ 掀开高压配电箱盖板，拔下遥控器天线插头，取出高压配电箱盖板。
⑬ 拉出限位销，拔出动力电池高压母线负极；拉出限位销，拔出动力电池高压母线正极（图 5-98）。

警告：正常情况下，在拆除高压母线后，高压系统还存在高压电，这是因为电机控制器中存在高压电容造成的，需要经过一段时间的等待，高压电容中的电才能被完全释放。

⑭ 拔下电机控制器高压母线正极；拔下电机控制器高压母线负极（图 5-99）。

图 5-98　拔出动力电池高压母线正极

图 5-99　拔下电机控制器高压母线负极

⑮ 拔下车载充电机充电线（图 5-100）。

⑯ 拔下低压控制线束插头（图 5-101）。

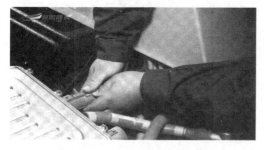

图 5-100　拔下车载充电机充电线

图 5-101　拔下低压控制线束插头

⑰ 拔下漏电传感器高压负极插头。

⑱ 拔下 DC/DC、空调控制器高压插头。

⑲ 拆下高压配电箱 4 个固定螺栓。

⑳ 取下高压配电箱（图 5-102）。

（2）高压配电箱的安装

① 将高压配电箱抬入驾驶室，安装到指定位置。

② 安装固定螺栓。

图 5-102　取下高压配电箱

③ 安装 DC/DC、空调控制器插头（图 5-103）。

④ 安装漏电传感器高压负极插头（图 5-104）。

图 5-103　安装 DC/DC、空调控制器插头

图 5-104　安装漏电传感器高压负极插头

⑤ 安装电机控制器高压母线负极插头，插入限位销（图 5-105）。

⑥ 安装低压线束插头（图 5-106）。

图 5-105　安装电机控制器高压母线负极插头，插入限位销

图 5-106　安装低压线束插头

⑦ 安装车载充电机、充电线并锁紧（图 5-107）。

⑧ 安装电机控制器高压母线正极插头，插入限位销。

⑨ 拉出限位销，拔出动力电池高压母线负极，插入限位销；拉出限位销，拔出动力电池高压母线正极，插入限位销。

⑩ 安装高压配电箱保护盖，将盖板固定到后排座椅支架下方的两个螺丝杆上。

⑪ 安装保护盖前部螺母，安装遥控器天线插头。

⑫ 紧固保护盖后部螺母。

图 5-107　安装车载充电机、充电线并锁紧

⑬ 安装安全气囊线束固定卡扣。

⑭ 紧固保护盖前部螺母。

⑮ 将后排座椅坐垫放入车内；整理好安全带，将安全带插头插入后排座椅的孔内；安装后排座椅坐垫，紧固螺钉。

⑯ 将后排座椅靠垫固定在后排座椅支架上。
⑰ 安装后排座椅支架的固定螺栓（图5-108）。
⑱ 用力推后排座椅靠垫，将后排座椅靠垫固定在支柱上（图5-109）。

图5-108　安装合适的后排座椅支架的固定螺栓

图5-109　将后排座椅靠垫固定在支柱上

⑲ 安装后排座椅转轴支架护罩。
⑳ 放好随车工具，安装行李舱盖板。
㉑ 关闭行李舱。
㉒ 安装维修开关。
㉓ 安装低压蓄电池负极。

5. 动力电池包的更换

若确定动力电池有问题需要维修，目前仅支持更换整个电池包总成，并不支持单独的电池单元维修或更换，因为不同电池的特性不一致，电池性能不一致装配在一起会影响电池的寿命和使用，按以下步骤拆卸更换总成。

（1）将车辆退电至OFF挡，拆下后排座椅，断开维修开关，等待5min。

（2）用万用表检测电池是否漏电。

检测方法为：将万用表正极分别搭在电池正负极引出，负极搭车身搭铁，正常值为10V以下。若过大应不拆卸，检测漏电原因和地方，排除问题后再进行以下操作。

（3）佩戴绝缘手套，用套筒依次拆卸掉每一根动力电池串联线、维修开关线束、动力电池包正负极线束固定螺栓，同时取下每一根动力电池串联线、维修开关线束、动力电池包正负极线束。拆卸锁止装置如图5-110所示。注意，拆卸动力电池正负极时，注意锁紧装置的拆卸与安装。

（4）用一字螺丝刀撬开动力电池采样线固定卡扣，拔掉所有动力电池采样线与电池信息采集器连接的接插件（图5-111）。

图5-110　拆卸锁止装置

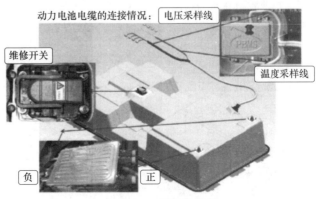

图5-111　拆卸接插件

（5）安装合适的电池包总成支撑架，佩戴绝缘手套，用套筒拆卸掉动力电池总成的各个固定螺栓（图 5-112）。

图 5-112　安装合适的电池包总成支撑架

（6）拆下动力电池包总成，并按与拆卸相反的顺序安装新的动力电池包。

第三节　上汽荣威 E50 动力电池系统的检修

一、上汽荣威 E50 动力电池系统简介

图 5-113　荣威 E50 动力电池组内部主要部件
1—高压电池组电池模块（27 串 3 并）；
2,7—高压电池组电池模块（6 串 3 并）；
3—高压电池组电池管理控制器；
4—高压电池组电池检测模块；5—手动维修开关；
6—高压电池组电池高压电力分配单元与电池采集和均衡模块（6 串 3 并）；8—电池采集和均衡模块（6 串 3 并）

（一）荣威 E50 动力电池组

E50 动力电池组内部主要部件如图 5-113 所示。

（1）动力电池组电池模块。包含 5 个模块，其中 3 个大模块（27 串 3 并），2 个小模块（6 串 3 并）；电池共 93 个串联。

（2）动力电池组电池管理控制器。汇总内部控制器采集的电池信息，通过一定的控制策略，向整车控制器提供电池运行状态的信息，响应整车高压回路通断命令，实现对电池的充放电和热管理。

（3）动力电池组电池高压电力分配单元。通过不同高压继电器的通断，实现各个高压回路的通断。

（4）动力电池组电池检测模块。实现电流检测和绝缘检测等功能。

（5）动力电池组电池采集和均衡模块。实现电池电压和温度的采集，电池均衡功能；每个大模块由 2 个电池采集和均衡模块管理，每个小模块由 1 个电池采集和均衡模块管理。

（6）其他。

① 高低压线束及接插件。

② 冷却系统附件：冷却板和冷却管路等。

③ 外壳。

荣威 E50 动力电池的参数见表 5-7。

表 5-7 荣威 E50 动力电池的参数

参数	参数值	参数	参数值
总能量/kW·h	18	总电压范围/V	232.5～334.8
可用能量/kW·h	16	单体电池电压范围/V	2.5～3.6
总容量/A·h	60	单体电池容量/A·h	20
防护等级	IP67		

(二) 荣威 E50 电池管理系统

1. 电池管理系统布置图（图 5-114）

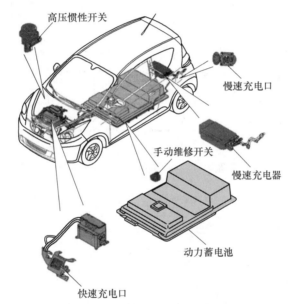

图 5-114 电池管理系统布置图

2. 电池管理系统控制框图（图 5-115）

3. 功能描述

高压电池组管理系统功能描述如下。

① 4 路独立的 CAN 网络，分别与整车、车载充电器、非车载充电器、内部控制模块通信。

② 提供高压电池包的状态给整车控制器，通过不同高压继电器的通断，实现各个高压回路的通断，使其实现充放电管理和高压电池包电池状态的指示。

③ 车载充电管理。

④ 非车载充电管理。

⑤ 热管理功能：通过水冷的方式控制高压电池包在各种工况下工作在合适的温度范围。

⑥ 高压安全管理：实现绝缘电阻检测，高压互锁检测，碰撞检测功能，具备故障检测管理及处理机制。

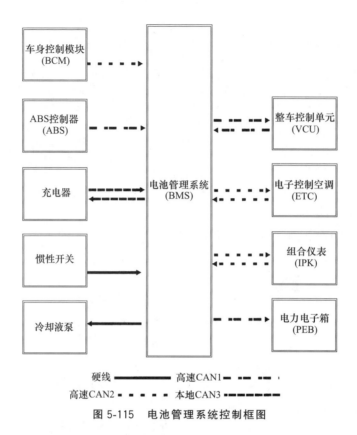

图 5-115 电池管理系统控制框图

⑦ 实现车载和非车载充电器的连接线检测，控制整车的充电状态和充电连接状态灯的指示。

二、上汽荣威 E50 动力电池拆装流程

1. 从车辆上拆下高压动力电池组总成

（1）关闭点火钥匙，车辆静置 5min 以上，才可进行拆卸作业。

注意：正常情况下，在钥匙开关关闭后，高压系统还存在高压电，这是因为电机控制器中存在高压电容造成的。需要经过一段时间的等待，高压电容中的电能才能完全释放。

（2）铺设三件套，并拆下蓄电池负极电缆。

（3）拆下手动维修开关。

① 打开中控台前部的中控台饰板（图 5-116）。

② 拆下将中控台连接到中控台后盖板的一个螺钉（图 5-117）。

图 5-116 打开中控台饰板

图 5-117 拆下一个螺钉

③ 拆下将中控台后盖板固定到车底上的一个螺栓（图5-118）。
④ 揭开保护材料。
⑤ 打开手动维修开关盖，取出手动维修开关（图5-119）。

图5-118 拆下后盖板与车底固定的一个螺栓

图5-119 取出手动维修开关

⑥ 使用手动维修开关替代保护盖专用工具TEL00022，盖住手动维修开关安装处（图5-120）。

（4）拆卸高压动力电池组。
① 打开高压动力电池组水箱盖（图5-121）。
② 摆放举升机托架，将支撑块放入车辆合适位置。
③ 举升车辆。
④ 确认举升车辆的稳定性。
⑤ 继续举升车辆。
⑥ 拆卸车辆底部导流板。
⑦ 松开动力电池组到水泵之间的卡箍（图5-122）。

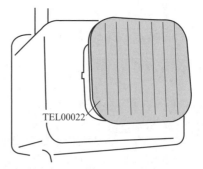

图5-120 盖住手动维修开关安装处

图5-121 打开高压动力电池组水箱盖

图5-122 松开卡箍

⑧ 断开水泵到三通软管的连接。
⑨ 断开高压动力电池组上的冷却水管入口。
⑩ 佩戴绝缘手套。
⑪ 断开高压动力电池组上的整车低压连接器（图5-123）。
⑫ 断开充电低压连接器。
⑬ 断开整车快充连接器。
⑭ 断开车载充电连接器。

⑮ 断开冷却水管出口（图 5-124）。

图 5-123　断开整车低压连接器

图 5-124　断开冷却水管出口

⑯ 将万用表旋至直流电压挡。
⑰ 测量快充连接器端子对地之间的电压，应为 0V（图 5-125）。
⑱ 测量慢充连接器端子对地之间的电压，应为 0V。
⑲ 铺设绝缘地胶（图 5-126）。

图 5-125　测量快充连接器端子对地之间的电压

图 5-126　铺设绝缘地胶

⑳ 将高压动力电池组托架放置于高压动力电池组下方，并锁定车轮（图 5-127）。
㉑ 升起支撑托架到合适高度。
㉒ 松开高压动力电池组固定在车架上的 23 个螺栓（图 5-128）。

图 5-127　放置高压动力电池组托架

图 5-128　松开 23 个螺栓

㉓ 检查动力电池组四周是否有遗忘断开的螺栓和线束连接器（图5-129）。

警告：在降落动力电池组时，必须再次检查确认，高压线束与动力电池组是否已经完全分离，避免造成触电危险或损伤线束。

㉔ 缓慢降下支撑托架（图5-130）。

㉕ 松开高压动力电池组上盖的固定螺栓（图5-131）。

㉖ 取下维修开关底座防水胶垫。

㉗ 对角拆下维修开关底座4个固定螺栓（图5-132）。

㉘ 取下电池包上盖（图5-133）。

图5-129　检查是否有遗忘断开的螺栓和连接器

图5-130　缓慢降下支撑托架

图5-131　松开固定螺栓

图5-132　拆下4个固定螺栓

图5-133　取下电池包上盖

2. 将高压动力电池组总成安装到车辆上

警告：在高压系统，动力电池组、驱动电机、电力电子箱、高压配电单元、电空调压缩机、慢速充电器、电加热器、交流充电口和交流充电线、快速充电口、高压线束全部安装（包括所有连接器的连接）完成之前，必须确保蓄电池的负极电缆始终处于断开状态，手动维修开关处于断开位置。

（1）在举升机上举升车辆。

（2）使用动力电池组托架专用工具 TEL00023 缓慢升起放置动力电池组的支撑平台，使动力电池组托架工具处于动力电池组的安装合适位置。警告：动力电池组托架专用工具的推手柄处须使动力电池组的重心靠近电池凸起部分，使动力电池组托架工具处于动力电池组的安装合适位置。

（3）按以下步骤安装高压动力电池组。

① 安装高压动力电池组保护盖（图 5-134）。

② 对角安装并分批紧固维修开关底座螺栓。

③ 安装维修开关底座防水胶垫（图 5-135）。

图 5-134　安装保护盖　　　　　　　　图 5-135　安装防水胶垫

④ 安装紧固高压动力电池上盖的固定螺栓。

⑤ 升起支撑托架。

⑥ 抬升到动力电池组与底盘接触的合适位置（图 5-136）。

⑦ 安装将高压动力电池组固定到车架上的螺栓。拧紧力矩为 70N·m（图 5-137）。

图 5-136　抬升动力电池组　　　　　　图 5-137　安装螺栓

⑧ 降下支撑托架并移出到工作区域以外。

⑨ 连接高压动力电池包冷却水管出口。

⑩ 连接高压动力电池车载充电连接器。

⑪ 连接高压动力电池组快充连接器。

⑫ 连接高压动力电池组充电低压连接器。
⑬ 连接高压动力电池组整车低压连接器。
⑭ 连接高压动力电池组冷却水管入口。
⑮ 安装水泵到三通之间的软管,并紧固卡箍(图 5-138)。
⑯ 安装底部导流板。
⑰ 降下车辆。
⑱ 加注高压动力电池组冷却液(图 5-139)。

图 5-138　紧固卡箍

图 5-139　加注冷却液

⑲ 进行冷却系统排空。

a. 备好规定浓度的冷却液。

b. 加注冷却液,直到冷却液达到动力电池组膨胀水箱颈部并保持静止。

c. 连接诊断仪让水泵运转。

d. 在举升机上举升车辆。

e. 松开电动水泵进水口处的放气螺塞,将管路内空气排空,直到有冷却液进入水泵,立即拧紧放气螺塞。

f. 降下车辆,继续使水泵运转 20~30min,并根据膨胀水箱中的液面下降情况不断补充冷却液,直到没有气泡冒出,液面不再下降。

g. 关闭水泵,并断开诊断仪。

警告:溢出的蒸汽或冷却液会造成诸如烫伤之类的伤害,所以当冷却系统还热时,不要打开膨胀箱盖。

⑳ 将冷却液加至 MAX 和 MIN 之间,并检查系统有无泄漏。

㉑ 拧紧高压动力电池组水箱盖。

(4) 降低车辆。

(5) 安装手动维修开关。

① 取下覆盖于手动维修开关安装处的手动维修开关替代保护盖专用工具 TEL00022。

② 将手动维修开关嵌入固定位置。

③ 合上手动维修开关盖。

④ 盖上保护材料。

⑤ 将中控台后盖板固定到车底上,装上一个螺栓,拧紧至 6~8N·m,并检查力矩。

⑥ 装上一个将中控台后盖板连接到中控台上的螺钉,拧紧至 4~6N·m,并检查力矩。

⑦ 合上中控台前部中控台饰板。

(6) 连接蓄电池负极电缆。

三、荣威 E50 动力电池冷却系统的检修

(一) 荣威 E50 动力电池冷却系统的结构原理

荣威 E50 冷却系统分为 2 个独立的系统,分别是电源逆变器 (PEB)/驱动电机冷却系统、动力电池冷却系统 (ESS)。

冷却系统利用热传导的原理,通过冷却液在各个独立的冷却系统回路中循环,使驱动电机、PEB 和动力电池保持在最佳的工作温度。冷却液是 50% 的水和 50% 的有机酸技术 (OAT) 的混合物。冷却液要定期更换才能保持其最佳效率和耐腐蚀性。注意:冷却液会损坏油漆表面。如果冷却液溢出,要迅速用清水冲洗。

1. 动力电池冷却系统结构组成

动力电池冷却系统 (ESS) 组件如图 5-140 所示。

(1) 冷却液泵。动力电池冷却液泵通过安装支架,并由 2 个螺栓固定在车身底盘上,经由其运转来循环动力电池冷却系统。

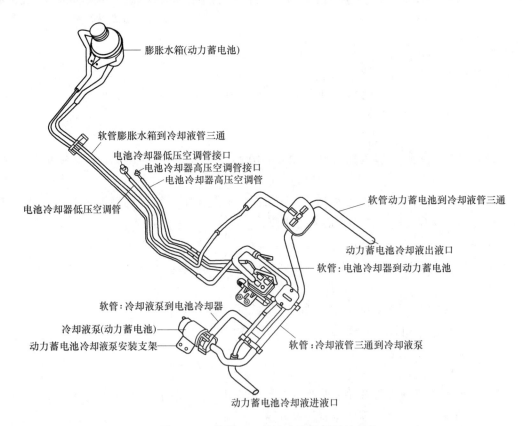

图 5-140 荣威 E50 动力电池冷却系统组件

(2) 冷却液软管。橡胶冷却液软管在各组件间传送冷却液,弹簧卡箍将软管固定到各组件上。动力电池冷却系统 (ESS) 软管布置在前舱内和后地板总成下。

(3) 膨胀水箱。动力电池冷却系统 (ESS) 配有带卸压阀的注塑冷却液膨胀水箱,膨

胀水箱安装在 PEB 托盘上，溢流管连接到电池冷却器出液管上，出液管连接到冷却水管三通上。膨胀水箱外部带有"MAX"和"MIN"刻度标示，便于用户观察冷却液液位。

（4）散热器和冷却风扇。散热器都是一个两端带有注塑水箱的铝制横流式散热器。散热器的下部位于紧固在前纵梁的支架所支承的橡胶衬套内。散热器的顶部位于水箱上横梁支架所支承的橡胶衬套内，支承了冷却风扇总成、空调（A/C）冷凝器。空调（A/C）冷凝器安装在散热器后部，由 4 个螺栓固定至冷却风扇罩上。冷却风扇和驱动电机总成及风扇低速电阻安装在空调（A/C）冷凝器后部的风扇罩上。"吸入"式风扇抽取空气通过散热器。

（5）冷却液温度传感器。冷却液温度传感器安装在散热器右侧前部，内含一个封装的负温度系数（NTC）热敏电阻，该电阻与 PEB/驱动电机冷却系统冷却液相接触，是分压器电路的一部分。该电路由额定的 5V 电源、一个 PEB 控制模块内部电阻和一个温度相关的可变电阻（传感器）组成。

（6）电池冷却器。电池冷却器是动力电池冷却系统的一个关键部件，它负责将动力电池维持在一个适当的工作温度，使动力电池的放电性能处于最佳状态。电池冷却器主要由热交换器、带电磁阀的膨胀阀（TXV）、管路接口和支架组成。热交换器主要用于动力电池冷却液和制冷系统的制冷剂的热交换，将动力电池冷却液中的热量转移到制冷剂中。

2. **动力电池冷却系统控制**

动力电池冷却系统控制框图如图 5-141 所示。

（1）电动冷却液泵控制。动力电池冷却系统（ESS）的电池能量管理模块（BMS）负责控制电动冷却液泵，电动冷却液泵会在动力电池温度上升到 32.5℃ 时开启，在温度低于 27.5℃ 时关闭，BMS 发出要求电池冷却器膨胀阀关闭和冷却液泵运转的信号。

（2）电池冷却器-膨胀阀控制/冷却液温度控制。空调控制模块（ETC）收到来自 BMS 的膨胀阀电磁阀开启的信号要求，ETC 首先打开电池冷却器膨胀阀的电磁阀，并给 ETC 发送启动信号。动力电池最适宜温度值为 20～30℃。

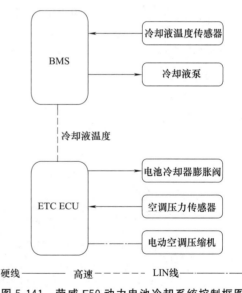

图 5-141　荣威 E50 动力电池冷却系统控制框图

正常工作时，当动力电池的冷却液温度在 30℃ 以上时，ETC 会限制乘客舱制冷量，冷却液温度在 48℃ 以上，ETC 会关闭乘客舱制冷功能，但除霜模式除外。

ETC 只控制冷却液温度。BMS 控制冷却液与 BMS 动力电池内部的热量交换。

（3）快速充电冷却必要条件。当车辆进入快速充电模式时，ETC 会被网关模块唤醒，此时动力电池冷却系统进入正常工作状态。

3. **动力电池冷却液循环路线**

动力电池冷却液循环路线如图 5-142 所示。

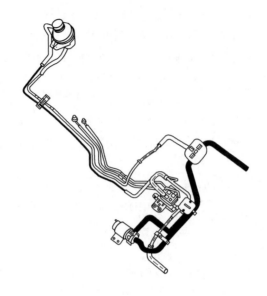

图 5-142　荣威 E50 动力电池冷却液循环路线

(二) 动力电池冷却系统的测试

1. 冷却系统压力测试

(1) 检查软管有无破裂、扭曲的痕迹及管路连接的紧固性。

(2) 打开动力电池膨胀水箱盖（图 5-143）。

警告：溢出的蒸汽或冷却液会造成诸如烫伤之类的伤害，所以当冷却系统还热时，不要打开膨胀水箱盖。

(3) 将专用工具 TEN00015 的接头安装到动力电池膨胀水箱上（图 5-144）。

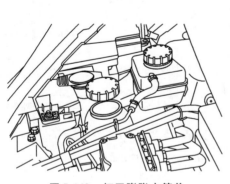

图 5-143　打开膨胀水箱盖

图 5-144　安装专用工具 TEN00015 的接头

(4) 将专用工具 T14001 压力软管的快速接头连接到接头上（图 5-145）。

(5) 慢慢地给系统加压到 140～160kPa 的压力，检查压力有无下降。

警告：不要超过规定压力值，否则会造成冷却系统损坏！

(6) 目视检查冷却系统有无冷却液泄漏的痕迹。

(7) 通过专用工具 T14001 上的减压阀来释放压力（图 5-146）。

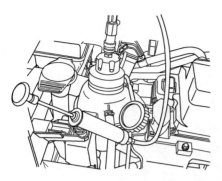 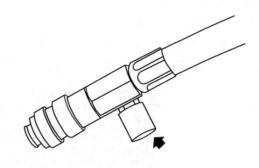

图 5-145　连接专用工具 T14001 压力软管　　　图 5-146　减压阀

（8）从接头上拆下 T14001 压力软管。

（9）从动力电池膨胀水箱上拆下接头并安装上膨胀水箱盖。

2. 膨胀水箱盖压力测试

（1）目视检查动力电池冷却系统有无冷却液泄漏的痕迹。

（2）检查软管有无破裂扭曲的痕迹及管路连接的紧固性。

（3）打开动力电池膨胀水箱盖。

（4）将 TEN00010 的接头安装到动力电池膨胀水箱盖上（图 5-147）。

（5）将 T14001 压力软管的快速接头连接到接头上（图 5-148）。

 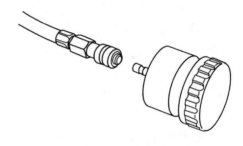

图 5-147　安装 TEN00010 的接头　　　图 5-148　连接 T14001 压力软管的快速接头

（6）慢慢地给动力电池膨胀水箱盖加压到规定的压力，检查压力范围，若能保持在 140～160kPa，则动力电池膨胀水箱盖正常。

（7）通过 T14001 上的减压阀来释放压力。

（8）从接头上拆下 T14001 压力软管。

（9）从接头上拆下动力电池膨胀水箱盖并安装到膨胀水箱上。

（三）动力电池冷却液的排空与加注

1. 冷却液排空

（1）打开动力电池膨胀水箱盖。

警告：溢出的蒸汽或冷却液会造成诸如烫伤之类的伤害，所以当冷却系统还热时，不要打开膨胀水箱盖。

（2）在举升机上举升车辆。警告：不能在只有千斤顶支撑的车辆下工作。必须把车辆支撑在安全的支撑物上。

（3）拆下底部导流板。

（4）将合适的容器固定好以收集冷却液。

（5）松开卡箍，并从三通上断开动力电池到冷却水管三通软管的连接（图 5-149）。

图 5-149　断开动力电池到冷却水管三通软管的连接

（6）让动力电池冷却液完全排空。

2. 冷却液加注

（1）将动力电池到冷却水管三通软管连接到三通上，并用卡箍固定。

（2）降低车辆。

（3）准备好规定浓度的冷却液。

冷却要求：动力电池冷却系统循环一种预混合的 Dex-Cool 冷却液，为 50∶50 的 Dex-Cool 冷却液和去离子水的混合液。去离子水用于隔离高电压并防止腐蚀影响散热片的性能。必须始终在动力电池冷却系统中使用预混合的冷却液，切勿使用自来水。

（4）加注冷却系统，直到冷却液达到动力电池膨胀水箱颈部并保持静止。

（5）连接诊断仪，利用元件动作测试的功能让冷却液泵运转。

（6）在举升机上举升车辆。

（7）松开电动冷却液泵进水口处的放气螺塞，将管路内空气排空，直到有冷却液进入冷却液泵，立即拧紧放气螺塞。

（8）降下车辆，继续使冷却液泵运转 20～30min，并根据膨胀水箱中的液面下降情况不断补充冷却液，直到没有气泡冒出，液面不再下降。

（9）关闭冷却液泵，并断开诊断仪。

（10）如需要，将冷却液加至 MAX 和 MIN 之间。

（11）检查系统有无泄漏。

（12）装上底部导流板。

（四）动力电池冷却液泵的拆卸与安装

警告：在开始维修作业前，维修人员必须经过专业培训，并取得维修资格。注意：在安装或拆卸过程中，油液必须回收，不能随意遗弃，工作过程中应防止冷却液进去或飞溅到高压部件。

1. 荣威 E50 动力电池冷却液泵的拆卸

（1）断开蓄电池负极，并将蓄电池负极用绝缘胶布包裹防止意外连接。

（2）将动力电池冷却水壶盖打开（图 5-150）。

（3）拆下底部导流板。

（4）断开冷却液泵到动力电池包之间的软管，并排空冷却液（图 5-151）。

图 5-150　打开冷却水壶盖

图 5-151　断开冷却液泵到动力电池包之间的软管

（5）断开冷却液泵到冷却液管三通之间的软管。

（6）断开动力电池包冷却液泵的连接器。

（7）拆下冷却液泵固定在车身上的 2 个螺钉（图 5-152）。

图 5-152　拆下 2 个螺钉

（8）取下动力电池冷却液泵。

2. 荣威 E50 动力电池冷却液泵的安装

（1）将动力电池冷却液泵固定在车架上，安装 2 个螺栓。拧紧力矩为 7~10N·m（图 5-153）。

（2）安装冷却液管三通与动力电池冷却液泵之间的软管。

（3）安装动力电池冷却器与动力电池冷却液泵之间的软管。

（4）将 2 段冷却液泵软管的卡箍固定到原位，连接动力电池冷却液泵的连接器（图 5-154）。

图 5-153　将动力电池冷却液泵固定在车架上

图 5-154　连接动力电池冷却液泵的连接器

(5) 添加动力电池冷却液至上限（图 5-155）。

图 5-155　添加动力电池冷却液至上限

(6) 连接蓄电池负极，并紧固。
(7) 启动车辆测试。
(8) 检查动力电池冷却液泵软管有无泄漏（图 5-156）

图 5-156　检查动力电池冷却液泵软管有无泄漏

(9) 安装底部导流板。
(10) 降下车辆。

第六章 混合动力汽车动力电池系统的检修

第一节 混合动力汽车动力电池系统简介

一、混合动力汽车蓄电池系统

混合动力汽车具有两套蓄电池系统：一套是12V 直流蓄电池，它主要是为车上常规的用电器提供电压；另一套是电压更高的直流蓄电池系统，它经过DC/DC 转换器将直流电转换后给电机提供交流电能，同时它还将存储电机发电所产生并经DC/DC 转换器转换后的直流电。高压直流蓄电池系统储电量和电压随混合动力系统的要求而变化。混合动力汽车的高压直流蓄电池从36V 到600V 以上不等，所有混合动力设计采用串联连接的蓄电池均是为了获取所需的直流电源电压。

1. 动力电池组件

新能源动力电池采用高功率镍氢电池，可为电动机和发电机提供最佳电力。比亚迪秦的动力电池包安装在后排座椅与行李舱之间，如图6-1 所示。动力电池包分10 个模组，通过动力电池串联线串联为一体，共计152 节单体；每个单体3.3V，电池包标称电压501.6V，标称容量为26A·h。

2. 低压启动电池

低压启动电池与普通铅酸蓄电池相比，增加了一个启动正极桩和一个通信口，安装在动力电池组左上方，如图6-2 所示。

（1）低压启动电池有三个带标识的极桩，大的是启动正极桩，周围标有"+"号；小的是低压正极桩，标有"+"号；另一个是共用的负极桩"－"。

（2）启动正极桩通过连接线束接到启动机正极，并在车辆发动机启动过程中将此路接通，低压启动电池放电形成回路启动车辆。

（3）低压正极桩开始时是整车负载的供电电源，同时并联在DC 和发电机正极输出端

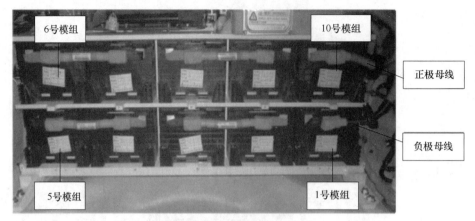

图6-1 比亚迪秦动力电池组

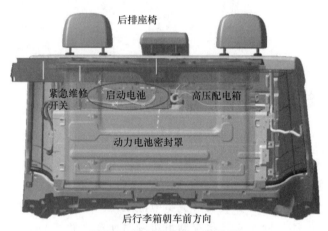

图6-2 低压蓄电池安装位置

上,一般车辆使用情况是以上两个供电电源在给启动电池充电工况,只有输出不足时参与整车负载供电,此极桩回路线束中电流通过能力有限,严禁使用此极桩跨接过电启动发动机。

(4)低压启动电池内部包含电池管理器,其通过通信口和整车模块交互信息。

(5)低压启动电池电压低时,启动智能充电功能,通过DC转换高压电为低压电,为启动电池充电,当无法有效进入智能充电状态,低压电池进入休眠状态,DC极桩内MOS管断开,DC极桩无电压输出,此时可在有效关闭前机舱盖、后行李箱舱盖及4个车门状态下,按左前门微动开关进行唤醒。

二、混合动力汽车的电池组管理系统

(一)动力蓄电池组管理系统简介

混合动力汽车除动力蓄电池组提供主要电能外,还有发动机、发电机组通过转换器向动力蓄电池组不断地补充电能。

根据电动车辆所采用的电池的类型和动力蓄电池组的组合方法,电池组管理系统主要包括热(温度)管理子系统、电池组管理子系统和线路管理子系统等,如图6-3所示。

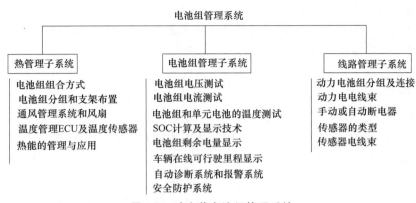

图 6-3　动力蓄电池组管理系统

1. 热管理子系统

混合动力汽车上使用的动力蓄电池组在工作时都会有发热现象，不同的蓄电池的发热程度各不相同。有的蓄电池采用自然通风即可满足电池组的散热要求，但有的蓄电池则必须采取强制通风来进行冷却，才能保证电池组正常工作并延长蓄电池的寿命。另外，在混合动力汽车上由于动力蓄电池组的各个蓄电池或各个分电池组布置在车架不同的位置上，各处的散热条件和周围环境都不同，这些差别也会对蓄电池充、放电性能和蓄电池的使用寿命造成影响。为了保证每个蓄电池都能有良好的散热条件和环境，将混合动力汽车的动力蓄电池组装在一个强制冷却系统中，使各个蓄电池的温度保持一致或相接近，以及使各个蓄电池的周边环境条件相似。

在某些蓄电池工作时，会产生较高的温度，可以充分利用其产生的热量取暖和给风挡玻璃除霜等，使热量得到管理与应用。

2. 电池组管理子系统

电池组管理子系统的作用是对电池的组合、安装、充电、放电，电池组中各个电池的不均衡性，电池的热管理和电池的维护等进行监控和管理，使电池组能够提高工作效率，保证正常运转，避免发生电池的过充电和过放电，有效延长电池的寿命，以及实现动力蓄电池组的安全管理和保洁等。

3. 线路管理子系统

线路管理子系统管理电池与电池、电池组与电池组之间的线路。当动力蓄电池组的总电压较高时，导线的截面积比较小，有利于电线束的连接和固定，但高电压要求有更可靠的防护。当动力蓄电池组的总电压较低时，则电流比较大，导线的截面积则比较大，安装较不方便。在各个电池组之间还需要安装连接导线将各个电池组串联起来，一般在电池组与电池组之间，装有手动或自动断电器，以便在安装、拆卸和检修时切断电流。另外，在电池组管理系统中还有各种传感器线路等，因此在混合动力汽车上有尺寸很长的各种各样的电线束，要求电线之间有可靠的绝缘，并能快速连接。

（二）动力蓄电池组管理系统功能与组成

动力蓄电池组管理系统要承担动力蓄电池组的全面管理，一方面保证动力蓄电池组的正常运作，显示动力蓄电池组的动态响应并及时报警，使驾驶员随时都能掌握动力蓄电池组的情况；另一方面要对人身和车辆进行安全保护，避免因电池引起的各种事故。

1. 动力蓄电池组管理系统的基本功能

动力蓄电池组管理系统一般采用先进的微处理器进行控制，通过标准通信接口和控制模块对动力蓄电池组进行管理，一般有以下几方面。

（1）动力蓄电池组管理。监视动力蓄电池组的双向总电压和电流、动力蓄电池组的温升，并通过液晶显示或其他显示装置，动态显示总电压、电流、温升的变化，避免动力蓄电池组过充电或过放电，使动力蓄电池组不会受到人为的损坏。

（2）单节电池管理。对动力蓄电池组中的单节电池的管理，可以监测单节电池的电状态，对单节电池动态电压和温度的变化进行实时测量，以便及时发现单节电池存在的问题，并采取有效的预防措施。

（3）荷电状态的估计和故障诊断。动力蓄电池组管理系统应具有对荷电状态的估计和故障诊断的功能，能够有效地反映和显示荷电状态。目前对荷电状态的估计误差一般在10%左右。配备故障诊断专家系统，可以早期预报动力蓄电池组的故障和隐患。

2. 动力蓄电池组管理系统的组成

综合动力蓄电池组管理系统的各种功能，动力蓄电池组管理系统的基本组成如图6-4所示。

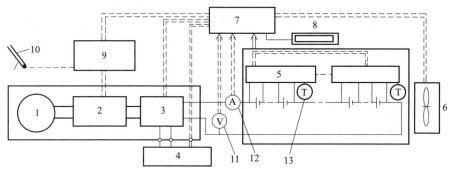

图6-4 动力蓄电池组管理系统的基本组成

1—电动机；2—逆变器；3—继电器箱；4—充电器；5—动力蓄电池组（由多个分电池组组成）；
6—冷却风扇；7—动力蓄电池组管理系统；8—荷电状态（SOC）显示器；9—车辆中央控制器；
10—驾驶员控制信号输入；11—电压伏特计；12—电流安培计；13—温度测量装置

带有温度测量装置的动力蓄电池组管理系统的基本组成如图6-5所示。带有温度测量装置

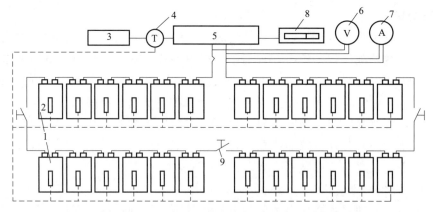

图6-5 带有温度测量装置的动力蓄电池组管理系统的基本组成

1—电池组；2—温度传感器；3—故障诊断器；4—温度表；5—动力蓄电池组管理系统电压表；
6—电压表；7—电流表；8—荷电状态（SOC）显示；9—断电器

的动力蓄电池组管理系统，是利用损坏的电池在充电过程中电池的温度高于正常电池温度的原理，用温度传感器来测定和监控每一个电池在充电过程中的温度是否在允许的范围内。如果发现某个电池的温度处于不正常状态，荷电状态（SOC）显示也不正常时，即刻向动力蓄电池组管理系统反馈该电池在线的响应信息，并由故障诊断系统预报动力蓄电池组的故障。

第二节　丰田普锐斯混合动力电池系统的检修

一、丰田普锐斯混合动力电池系统简介

（一）结构组成

普锐斯混合动力汽车用于混合动力系统的密封式镍-氢（Ni-lN/IH）电池具有功率密度高和使用寿命长的特点。混合动力系统控制充放电速度，使 HV 蓄电池保持恒定的荷电状态（SOC）。第三代普锐斯混合动力汽车采用的都是镍-氢蓄电池，6 个额定电压为 1.2V 的镍-氢电池串联组成一个 7.2V 的电池模块，若干组电池模块串联构成蓄电池。第一代蓄电池采用了 38 组模块，总电压为 273.6V；第二代和第三代蓄电池采用了 28 组模块，总电压为 201.6V。

HV 蓄电池、蓄电池 ECU 和 SMR（系统主继电器）集中在一个信号箱中，位于后座后的后备厢中，这样可更有效地利用车内空间（图 6-6）。

第 19 模块到第 20 模块中间的检修塞用于切断电源。维修高压电路的任何部分时，一定要将此检修塞拔下。充电/放电时，HV 蓄电池会散发热量，为保护蓄电池的性能，蓄电池 ECU 控制冷却风扇工作帮助散热。

第三代普锐斯的动力电池系统由动力电池模组、电池智能控制单元、接线盒、电池采样线、冷却风扇等组成，布置在行李箱内，位置如图 6-7 所示。

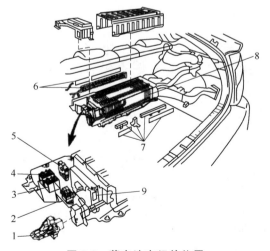

图 6-6　蓄电池主组件位置

1—检修塞；2—SME1；3—SMR2；4—SMR3；
5—电流传感器；6—前母线模块；7—后母线模块；
8—HV 蓄电池模块；9—蓄电池 ECU

图 6-7　第三代普锐斯的动力电池组的安装位置

通常混合动力汽车的电池组可能由100多块单体电池组成。带充电系统的电动汽车电池组含多达数百个单体电池。第三代普锐斯动力电池组内部由电池模组、传感器、电池管理器、含接触器的HV接线盒总成、动力电池冷却风扇（无电刷）、维修开关等组成，如图6-8所示。

镍氢单体电池的额定电压为1.2V，通常由6个或10个单体电池构成一块电压为7.2V或12V的电池模组。丰田普锐斯混合动力车型上就用了这种7.2V一节的电池，如图6-9所示。电容量为6.5A·h，实测每节外形尺寸为274mm×106mm×20mm，质量为1.1kg，由28节串联共计201.6V。每个电池模组均不易泄漏且置于密封壳内，更换电池模块时必须按顺序进行，因为该顺序存储在诊断系统内用于将来进行分析。电解液吸附在蓄电池电池板内，即使发生碰撞也不容易泄漏。

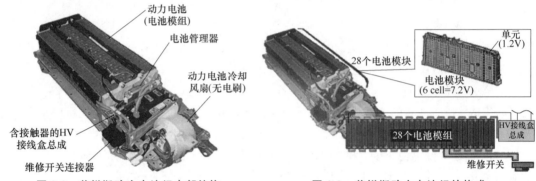

图6-8 普锐斯动力电池组内部结构　　图6-9 普锐斯动力电池组的构成

（二）蓄电池ECU控制

蓄电池ECU检测HV蓄电池的SOC（荷电状态）、温度、电压以及是否泄漏，并将这些信息发送到HV ECU（图6-10）。蓄电池ECU通过HV蓄电池内的温度传感器检测其温度，并控制冷却风扇来调节温度。

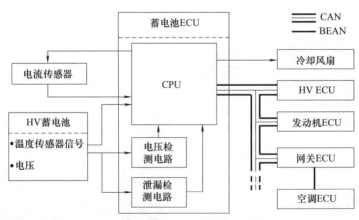

图6-10 蓄电池ECU控制原理框图

1. HV蓄电池状态监视控制

蓄电池ECU始终监视以下项目并将这些信息发送给HV ECU：

① 通过HV蓄电池内的温度传感器检测HV蓄电池温度；

② 通过 HV 蓄电池内的泄漏检测电路检测其是否泄漏；
③ 通过 HV 蓄电池内的电压检测电路检测其电压；
④ 通过电流传感器检测电流。

HV 蓄电池通过估计充电、放电电流来计算 SOC。

2. SOC 控制

如图 6-11 所示，车辆行驶时，由于 HV 蓄电池在加速期间给电动机（MG2）供电，减速时由再生制动充电而反复经历充电/放电过程。蓄电池 ECU 根据电流传感器检测到的充电/放电水平计算 SOC，并将数据发送到 HV ECU，HV ECU 根据接收的数据控制充电/放电，将 SOC 始终控制在稳定水平。

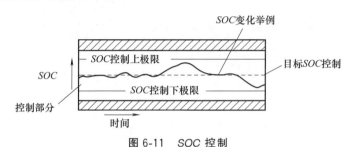

图 6-11 SOC 控制

3. 冷却风扇控制

当电池组工作时，肯定会产生热量，热量不及时地散去必定会影响电池组的正常工作以及其使用寿命，所以 HV 具备了电池冷却系统，包括循环冷却水和散热片的形式（图 6-12）辅助电池冷却，当 ECU 检测到电池组过热时就会启动冷却系统，维持电池组处于正常工作状态。

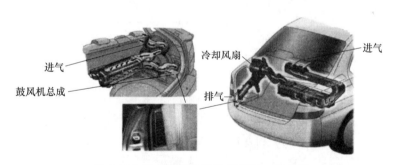

图 6-12 动力蓄电池冷却系统的一般布置

普锐斯后备厢右侧的冷却风扇可以通过后排座椅右侧的进气口吸出车内空气（图 6-13）；此后，从蓄电池顶部右侧进入的空气从上到下流经蓄电池模块并将其加以冷却；然后，空气流经排气管和车内，最终排到车外。

如图 6-14 所示，蓄电池 ECU 根据 HV 蓄电池内的 3 个温度传感器和 1 个进气温度传感器检测到蓄电池温度上升，然后，蓄电池 ECU 在负载循环控制下连续启动冷却风扇，将 HV 蓄电池的温度维持在规定范围内。

空调系统降低车内温度时，如果检测到 HV 蓄电池温度出现偏差，则蓄电池 ECU 关闭冷却风扇或将其固定在低挡转速。该控制的目的是使车内温度首先降下来，这是由于冷却系统的进气口位于车内。

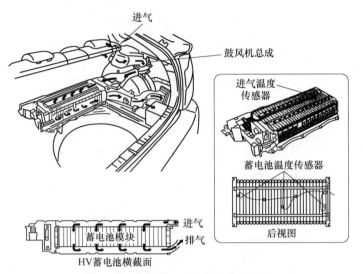

图 6-13 普锐斯 HV 蓄电池冷却系统

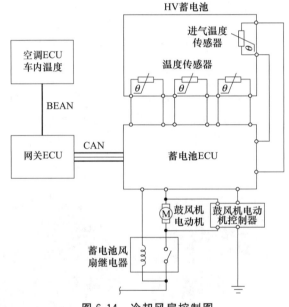

图 6-14 冷却风扇控制图

（三）辅助蓄电池（备用蓄电池）

普锐斯混合动力汽车采用 12V 的免维护辅助蓄电池，安装在后备厢中（图 6-15）。12V

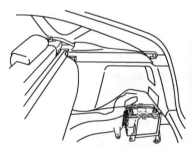

图 6-15 辅助蓄电池

的蓄电池与传统汽车蓄电池类似，主要供电给大灯、音响和其他附件及所有 ECU。蓄电池接地线接到汽车的金属车架，通过一个管与外界空气通风。

辅助蓄电池对高压很敏感，给辅助蓄电池充电时，要用丰田专用充电机，普通充电器没有专用的电压控制，有可能毁坏电池。在充电时，应将蓄电池从车上拆下。如果有 2 周以上时间不使用汽车，应断开 12V 电池，防止它放电。

蓄电池电解液被分离器过滤，以减少在充电时释放的氢气。因此只要使用规定的蓄电池，蓄电池电解液就无需更换。与其他车辆一样，如果由于某种原因蓄电池无电，则需要跨接启动。可以打开后备厢，将跨接线直接接到蓄电池上。跨接启动方法如图 6-16 所示，按照图中数字顺序所示，连接一个 12V 的充满电的电池，之后将钥匙插入启动位置，当发动机运行时，将跨接电池按照与连接顺序相反的顺序断开。

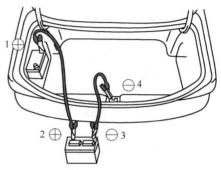

图 6-16　蓄电池的跨接启动方法

二、丰田普锐斯混合动力电池系统的维修

1. 混合动力电池系统控制功能

（1）HV 蓄电池总成管理和安全保护功能

① 在驾驶过程中，加速时蓄电池总成反复放电，而制动时被充电。蓄电池 ECU 根据电压、电流和温度测算 HV 蓄电池的 SOC（荷电状态），然后将结果输送给控制 ECU，HV 控制 ECU 根据 SOC 执行充电/放电控制。

② 如果发生故障，则蓄电池 ECU 执行安全保护功能，依照故障程度保护 HV 蓄电池总成。

（2）蓄电池鼓风机电动机控制　车辆行驶时，为了控制 HV 蓄电池总成温度的上升，蓄电池 ECU 依照 HV 蓄电池总成温度决定并控制蓄电池鼓风机总成的操作模式。

2. 混合动力电池系统电路

混合动力电池系统电路图如图 6-17 所示。

3. HV 蓄电池总成主要部件

HV 蓄电池总成主要部件如图 6-18 所示。

4. 混合动力电池系统检查

（1）检查蓄电池加液口塞的导通性

① 用欧姆表测量端子间的电阻（图 6-19）。电阻标准值为 10Ω 或更大，如果不符合标准值，则更换蓄电池加液口塞。

② 将检修塞安装到固定座上。

③ 用欧姆表测量端子间的电阻（图 6-20）。标准值为小于 1kΩ。如果不符合标准值，则更换蓄电池加液口塞。

（2）检查 1 号系统主继电器　连接器 B 和 C 形状相同。通过端子一侧的线束长度和线束颜色来区分每一个连接器（表 6-1、图 6-21）。

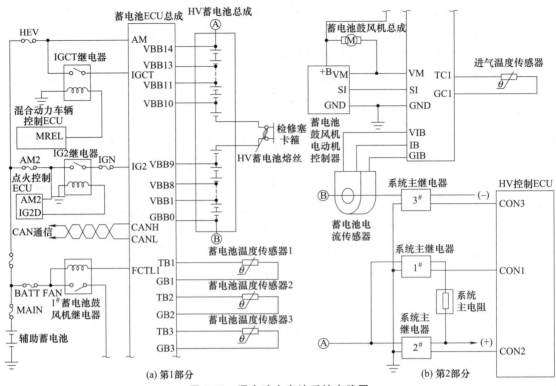

(a) 第1部分　　　　　　　　(b) 第2部分

图 6-17　混合动力电池系统电路图

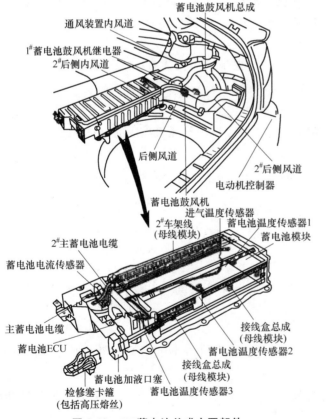

图 6-18　HV 蓄电池总成主要部件

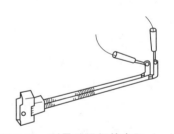

图 6-19　测量端子间的电阻（一）

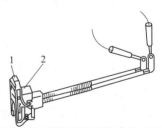

图 6-20　测量端子间的电阻（二）
1—检修塞卡箍；2—固定座

表 6-1　检查 1 号系统主继电器

连接器	线束长度	线束颜色
B	短	黄色
C	长	黑色

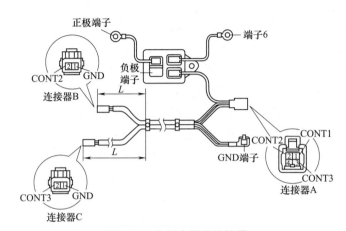

图 6-21　主继电器的连接器

① 检查导通性。

a. 用欧姆表测量连接器端子间的电阻，电阻标准值见表 6-2。如果不符合标准值，则更换 1 号系统主继电器。

表 6-2　连接器端子间的电阻标准值

测量连接器	规定条件
正极端子—负极端子	10kΩ 或更大
A2(CONT2)—B1(CONT2)	小于 1Ω
A3(CONT3)—C1(CONT3)	小于 1Ω
端子 B1(GND)—GND	小于 1Ω
端子 C2(GND)—GND	小于 1Ω

b. 在正极和负极端子间提供电压，然后用欧姆表测量端子 6 和 A1（CONT1）间的电阻。标准值小于 1Ω。如果不符合标准值，则更换 1 号系统主继电器。

② 检查电阻。用欧姆表测量端子 6 和 A1（CONT1）间的电阻。标准值为 70～160Ω。如果不符合标准值，则更换 1 号系统主继电器。

（3）检查 2 号系统主继电器

① 将 2 个螺母安装到负极和正极端子。拧紧力矩为 5.6N·m。

② 检查导通性。

a. 用欧姆表测量正极和负极端子间的电阻（图 6-22）。标准值为 10kΩ 或更大。如果不符合标准值，则更换 2 号系统主继电器。

b. 在连接器端子间加蓄电池电压，然后用欧姆表测

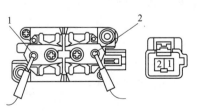

图 6-22　2 号系统主继电器

1—负极端子；2—正极端子

量正极和负极端子间的电阻。标准值小于1Ω。如果不符合标准值,则更换2号系统主继电器。

③检查电阻。用欧姆表测量连接器端子间的电阻。标准值为20~50Ω。如果不符合标准值,则更换2号系统主继电器。

(4) 检查3号系统主继电器

① 将螺母安装到负极和正极端子上。拧紧力矩为5.6N·m。

② 检查导通性。

a. 用欧姆表测量正极和负极端子间的电阻(与图6-22相似)。标准值为10kΩ或更大。如果不符合标准值,则更换3号系统主继电器。

b. 在连接器端子间加蓄电池电压,然后用欧姆表测量正极和负极端子间的电阻。标准值小于1Ω。如果不符合标准值,则更换3号系统主继电器。

③ 检查电阻。用欧姆表测量连接器端子间的电阻。标准值为20~50Ω。如果不符合标准值,则更换3号系统主继电器。

(5) 检查蓄电池电流传感器的电阻

① 用欧姆表测量端子1(VIB)和端子2(GIB)间的电阻(图6-23),电阻标准值见表6-3。如果不符合标准值,则更换蓄电池电流传感器。

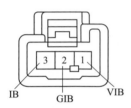

图6-23 蓄电池电流传感器

表6-3 端子1(VIB)和端子2(GIB)间的电阻标准值

测试仪连接	规定条件	测试仪连接	规定条件
正极探针到端子1(VIB) 负极探针到端子2(GIB)	3.5~4.5kΩ	正极探针到端子1(GIB) 负极探针到端子2(VIB)	5~7kΩ

② 用欧姆表测量端子1(VIB)和端子3(IB)间的电阻,电阻标准值见表6-4。如果不符合标准值,则更换蓄电池电流传感器。

③ 用欧姆表测量端子2(GIB)和端子3(IB)间的电阻。电阻标准值为0.2kΩ或更小。即使探针变换位置,电阻也不变。如果不符合标准值,则更换蓄电池电流传感器。

表6-4 端子1(VIB)和端子3(IB)间的电阻标准值

测试仪连接	规定条件	测试仪连接	规定条件
正极探针到端子1(VIB) 负极探针到端子3(IB)	3.5~4.5kΩ	正极探针到端子3(IB) 负极探针到端子1(VIB)	5~7kΩ

(6) 检查系统主电阻器 用欧姆表测量端子间的电阻(图6-24)。标准值为18~22Ω。如果不符合标准值,则更换系统主电阻器。

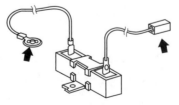

图6-24 系统主电阻器端子

第三节 宝马 X6 混合动力电池系统的检修

一、宝马 X6 混合动力高电压蓄电池单元简介

1. 组成

高电压蓄电池单元是一个完整系统，不仅包含高电压蓄电池本身，还包括蓄电池控制模块（BCM）、电子控制单元、电动机械式接触器、高电压导线接口、高电压安全插头、冷却系统、通风装置等。

2. 主要作用

高电压蓄电池单元的主要任务是从高电压车载网络吸收、存储电能并在需要时提供使用。它还执行有助于确保高电压系统安全的重要任务，例如高电压接触监控。此外，高电压蓄电池单元还能"关闭供电"和"防止重新接通"，从而确保相关系统可以安全地在高电压系统上进行工作。

3. 安装位置

高电压蓄电池单元安装在后座椅后的后备厢地板上，通过四个固定螺栓与后备厢地板连接在一起（图 6-25）。

注意：通过这些固定螺栓还能在高电压蓄电池单元壳体与接地之间建立起导电连接。导电连接用于补偿电位，而且是实现绝缘监控功能的前提条件。固定螺栓、高电压蓄电池单元壳体上的开孔和螺纹套不允许喷漆或涂覆其他绝缘层。

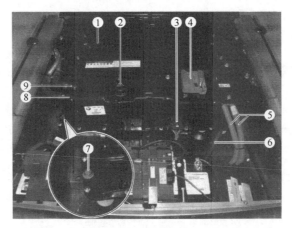

图 6-25 高电压蓄电池单元的安装位置

1—高电压蓄电池单元壳体；2—冷却液补液罐密封盖；3—低电压导线接口；4—高电压安全插头；5—高电压导线；6—通风软管；7—固定螺栓；8—冷却液供给管路接口；9—冷却液回流管路接口

4. 高电压蓄电池

高电压蓄电池是高电压系统的实际蓄能器，通过串联总共 260 个电解槽（额定电压 1.2V）得到 312V 额定电压。每 10 个电解槽组成一个模块，13 个模块并排布置，构成一

列；两列叠加布置，构成整个高电压蓄电池套件。

电解槽采用镍-氢蓄电池技术，该技术具有能量密度、充电电流和放电电流较高的特点。这是在全混合动力驱动模式下实现较高电功率的主要前提条件。

采用镍-氢蓄电池技术的电解槽将用水稀释的氢氧化钾溶液作为电解液。虽然这种液态电解液具有危险特性，但是蓄电池模块严密密封，因此无论在行驶过程中还是进行维修时电解液都不会溢出。如果由于发生事故致使高电压蓄电池壳体或模块损坏，电解液可能溢出。

对这些组件进行所有工作时都必须遵守高电压蓄电池的安全数据，必须使用规定的人员保护装备。高电压蓄电池单元的电气结构如图 6-26 所示。

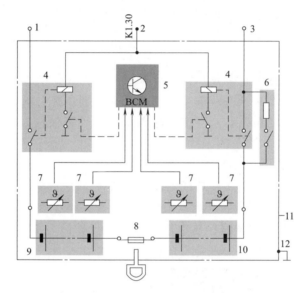

图 6-26　高电压蓄电池单元的电气结构

1—高电压蓄电池单元负极接口；2—连自安全型蓄电池接线柱的总线端 30；3—高电压蓄电池单元正极接口；4—电动机械式接触器；5—蓄电池控制模块；6—切换为电压缓慢升高；7—蓄电池电解槽上的温度传感器；8—带有熔丝的高电压安全插头；9—第一列蓄电池电解槽；10—第二列蓄电池电解槽；11—高电压蓄电池单元壳体；12—通过接地连接补偿电位

每列蓄电池电解槽都装有两个温度传感器，用于监控电解槽温度并根据需要调节冷却功率。每个模块的电压也同样受到监控，从而避免各电解槽电量过低或过高。流入和流出高电压蓄电池的电流强度通过一个电流传感器进行测量和电子监控。

在串联的蓄电池电解槽正中间接入了高电压安全插头，该插头还包括一个高电流熔丝。拉动高电压安全插头或触发熔丝熔断时都会使串联连接中断。之后，高电压蓄电池外部接口处不再存在任何电压。电动机械式接触器的触点断开时也会达到相同效果。在将高电压蓄电池接口向外连接之前，这些触点在正极和负极上。电动机械式接触器由蓄电池控制模块进行控制，通过安全型蓄电池接线柱为接触器供电。

针对高电压蓄电池使用寿命的要求比较严格（车辆使用寿命），必须在严格规定的范围内使用高电压蓄电池，从而确保其使用寿命最大化。相关边界条件是：

①将电解槽温度保持在 25～55℃ 的最佳范围内（通过"加热"或冷却）；

②不允许充电电流和放电电流超过热敏规定限值；
③不能完全用完可存储的蓄电池能量。

5. 蓄电池控制模块

（1）作用　蓄电池控制模块（BCM）安装在高电压蓄电池单元内部，从外部无法接触到。BCM 负责执行以下功能。

① 控制冷却循环回路。
② 确定高电压蓄电池的充电状态（SOC）和老化状态（SOH）。
③ 确定（以及根据需要限制）高电压蓄电池的可用功率。
④ 由混合动力主控控制单元根据要求控制高电压系统的启动和关闭。
⑤ 安全功能（例如高电压接触监控）。
⑥ 监控蓄电池电解槽的电压和温度以及电流强度。
⑦ 向混合动力主控控制单元传输故障状态。

蓄电池控制模块自身没有故障代码存储器，蓄电池控制模块发现故障后通过混合动力 CAN 传输到混合动力主控控制单元。在混合动力主控控制单元内还存储高电压蓄电池相关故障以便进行诊断。

（2）BCM 连接导线　高电压蓄电池单元内部的 BCM 电气接口分为两个插头，一个用于低电压导线，另一个用于高电压导线。对于 BCM 而言重要信号和导线具体如下。

① 自身 12 V 供电（总线端 30 和总线端 31 分别用于电子控制装置和冷却液泵，连自安全型蓄电池接线柱的总线端 30 用于接触器供电）。
② 混合动力 CAN 和唤醒导线。
③ 高电压导线。
④ 接触器（控制和读取）。
⑤ 蓄电池电解槽温度信号（每个传感器各有两芯，共有四个温度传感器）。
⑥ 冷却液温度信号（每个温度传感器各有两芯，针对供给和回流各有一个温度传感器）。
⑦ 冷却液泵的供电/控制。
⑧ 高电压电路的电流传感器。
⑨ 高电压接触监控（信号源和回流导线）。

外部除高电压导线的连接接线柱外还有一个低电压导线插头。此插头用于连接：12 V 供电（总线端 30g 和总线端 31 分别用于电子控制装置和冷却液泵，连自安全型蓄电池接线柱的总线端 30 用于接触器供电）；混合动力 CAN；两个唤醒导线（连自混合动力接口模块）。用于接合/断开接触器触点的控制信号（来自供电电控箱的 PWM 信号）；用于高电压接触监控的输送和回流导线。

6. 高电压接口

高电压车载网络上高电压蓄电池单元的接口位于一个独立盖板下，需要对高电压接口进行操作时必须取下该盖板。

取下盖板时，盖板内的跨接线断开并使高电压接触监控电路断路。只要盖板处于未安装状态就不会导致误启用高电压系统。高电压蓄电池单元上的高电压安全盖板和高电压接口如图 6-27 所示。

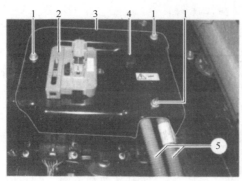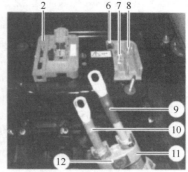

图 6-27　高电压蓄电池单元上的高电压安全盖板和高电压接口

1—用于固定高电压安全盖板的螺栓和螺母；2—高电压安全插头（反向插入）；3—高电压安全盖板；
4—高电压安全盖板上高电压接触监控电路跨接线；5—高电压导线；6—高电压接触监控接口；
7—高电压蓄电池正极螺栓接口；8—高电压蓄电池负极螺栓接口；9—高电压负极导线；10—高电压正极导线；
11—用于两个高电压导线的接线柱；12—用于连接屏蔽层与高电压蓄电池单元壳体的接触部位

在高电压蓄电池单元的高电压接口上进行工作前必须使高电压系统断电并检查断电状态，在工作期间无法防止重新接通。因此取下高电压接口上方的盖板时必须短时拔出反向插入的高电压安全插头。

高电压导线与高电压蓄电池单元间的电气连接通过一个正极和一个负极螺纹端子实现，此外还必须使高电压导线的屏蔽层与高电压蓄电池单元壳体形成电气连接。这一点通过一个固定安装在蓄电池壳体内的带螺母螺栓实现，该螺栓将一个金属夹压在两个高电压导线的屏蔽层上。同时，该螺栓连接还用作高电压导线的拉力卸载装置。

注意：必须严格遵守高电压接口螺母的拧紧力矩规定。

7. 高电压安全插头

E72 的高电压安全插头安装在高电压蓄电池单元壳体上侧（图 6-28）。

高电压安全插头内的熔丝直接插在串联连接的蓄电池电解槽之间，因此是一个高电压部件，为此以橙色进行标记（图 6-29）。

高电压安全插头执行多项任务：

① 关闭高电压系统供电；

图 6-28　E72 高电压安全插头

1—高电压蓄电池单元壳体；
2—高电压安全插头（处于插入状态）

图 6-29　E72 高电压安全插头

1—高电压安全插头内的熔丝；2—高电压接触监控跨接线；
3—从高电压安全插头内取出的熔丝（小熔丝 HEV135A）

② 防止重新接通；
③ 作为高电压蓄电池高电流熔丝的支架。

8. 冷却系统

为了尽可能延长高电压蓄电池的使用寿命并获得最大功率，需在规定温度范围内使用蓄电池。高电压蓄电池单元的冷却系统由高电压蓄电池单元内部和外部组件构成。

高电压蓄电池单元内部的组件属于冷却系统的有电动冷却液泵（功率可控，最大功率50W，源自N63发动机冷却系统）、带有液位测量装置的冷却液补液罐、冷却液管路接口、高电压蓄电池单元内的冷却液管路和通道、冷却液温度传感器（在冷却液供给管路和回流管路内各有1个）、电解槽温度传感器（共4个）、蓄电池控制模块（温度监控和冷却液泵控制）等。

高电压蓄电池单元内的冷却系统通过两个接口与冷却液管路（供给管路和回流管路）相连，进而与高电压蓄电池单元外部的冷却系统相连（图6-30）。高电压蓄电池单元外部的冷却系统拥有与制冷剂循环回路相连的独立冷却循环回路。该回路的组件构成有带有连接高电压蓄电池单元的快速接头的冷却液管路、冷却循环回路内的双阀门、"冷却总成"（一个冷却液/制冷剂热交换器）、冷却液/空气热交换器等。

9. 排气

镍-氢蓄电池充电和放电时可能会产生气体，其中包含少量氢气。运行策略可将该气体量降至最小。但是如果产生大量气体，就会打开高电压蓄电池单元内的通风阀从而使气体通过通风软管（图6-31）向外排出。拆卸高电压蓄电池单元时必须将通风软管与其断开。

注意：安装高电压蓄电池时必须按规定将通风软管重新安装在高电压蓄电池单元上。否则，溢出气体可能会进入车内空间。

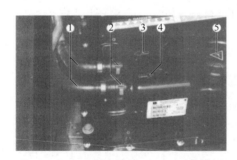

图6-30 高电压蓄电池单元内的冷却系统接口
1—冷却液管路；2—将冷却液管路连接在高电压蓄电池单元上的快速接头；3—回流标记；
4—供给标记；5—冷却液补液罐密封盖

图6-31 高电压蓄电池的通风装置
1—低电压导线接口；2—通风软管；
3—高电压导线；4—通风装置总成

二、宝马X6混合动力高电压蓄电池单元功能

1. 启动高电压系统

（1）混合动力主控控制单元通过混合动力CAN上的电码以及另一个独立的信号导线（PWM设码）要求启动高电压系统，随后由蓄电池控制模块控制启动。启动过程分为以下

几个步骤：

① 测试高电压车载网络；

② 提高电压；

③ 闭合接触器触点。

(2) 只有成功完成当前步骤才会继续进行下一步骤。测试高电压系统时（第一步）检测内容有：

① 高电压管路是否连接在高电压蓄电池单元上，是否建立起与供电电控箱的连接；

② 高电压接触监控电路是否闭合；

③ 高电流熔丝功能是否正常；

④ 高电压蓄电池是否处于准备状态。

即使已成功完成测试，接触器触点仍可能没有闭合。由于高电压电路电容的缘故（中间电路电容器），会有很高的接通电流经过，长期下去不仅会对电容器还会对接触器造成损坏。

因此要事先让电压缓慢升高。为此首先闭合用于负极导线的接触器触点，通过一个脉冲控制式继电器和正极导线内的一个降压电阻器使高电压系统内的电压缓慢升高。每次继电器触点闭合时都会有受到降压电阻器限制的电流经过并为高电压车载网络内的电容器充电。大约300ms后，高电压车载网络内的电压仅稍稍低于蓄电池电压，之后闭合用于启动正极导线的接触器触点。

如果启动成功，蓄电池控制模块就会通过混合动力CAN与其他混合动力组件，特别是混合动力主控控制单元进行通信；如果启动失败，也会通过同样方式发出故障状态信号。

2. 关闭高电压系统

关闭高电压系统分为正常关闭和快速关闭两种情况。此处所述的正常关闭可以保护电气部件，此外还会执行监控功能，对与安全有关的组件和高电压系统特性进行检测。正常关闭的步骤如下。

① 总线端15断开。

② 高电压车载网络内的电流降为零（通过供电电控箱内的控制单元）。

③ 混合动力主控控制单元通过混合动力CAN上的一个总线信号和一个独立导线（PWM信号）要求断开高电压蓄电池单元内的接触器。

④ 蓄电池控制模块断开高电压蓄电池单元内的接触器触点。

⑤ 通过蓄电池控制模块进行控制，对高电压导线的绝缘电阻进行测量并监控是否超出允许范围。如识别出绝缘电阻低于限值，就会在故障代码存储器内存储一条记录，通过一条检查控制信息提示驾驶员出现故障。但是通常情况下仍可以重新启动高电压系统，因为对人没有任何直接危害。

⑥ 蓄电池控制模块检查接触器触点是否真正断开。由此确保高电压蓄电池单元的高电压接口不再存在危险电压。如果识别出触点未正常断开，就会防止重新启动高电压系统。否则无法继续确保对高电压系统进行安全操作。

⑦ 检查确认接触器触点成功断开后，蓄电池控制模块就会发出该接触器状态信号。

⑧ 使高电压电路主动放电并使电机绕组短路，该任务由供电电控箱控制单元进行控制。

正常关闭过程最长持续 2min。特别是测量绝缘电阻和检查断开触点需要一定时间，因此持续时间较长。如果期间重新开始启动（例如由于驾驶员重新接通总线端 15），就会中断关闭过程；如果出现需要快速关闭高电压系统的情况，也会中断正常关闭过程。

3. 快速关闭高电压系统

如果出现基于安全考虑必须尽快使高电压系统内的电压降至安全范围的情况，就会快速关闭高电压系统。

（1）高电压接触监控。如果识别出高电压接触监控电路断路且存在人员接触高电压系统带电部件的可能，就会断开接触器触点。车辆静止或发动机室盖/后备厢盖打开时，就会认为存在这种可能。在没有事先将电流降至 0A 的情况下会立即断开接触器触点。这样会使接触器触点承受很大负荷，因此不允许随意重复这一过程，同时会使高电压电路主动放电并使电机绕组短路。

（2）事故。如果碰撞和安全模块识别出相应严重程度的事故就会断开安全型蓄电池接线柱与 12 V 蓄电池正极的连接。在 E72 上，由安全型蓄电池接线柱的总线端 30 为电动机械式接触器供电，因此在断开接触器触点的同时断开安全型蓄电池接线柱。蓄电池控制模块和混合动力主控控制单元还会对安全型蓄电池接线柱的总线端 30 状态进行分析，如果这两个控制单元都识别出安全型蓄电池接线柱已断开，就会采取进一步措施关闭高电压系统（主动放电，使绕组断路）。

（3）短路监控。如果通过电流传感器识别出高电压导线内的电流强度过高，蓄电池控制模块也会触发快速关闭从而保护组件。在极端情况下还会触发高电压安全插头内的熔丝熔断从而强制断开高电压电路。蓄电池控制模块监控熔丝状态。如果由于短路造成关闭，蓄电池控制模块就会发出该状态信号，以便能够重新实现主动放电和绕组断路。

（4）高电压蓄电池单元 12V 供电失灵时。与在所有其他高电压组件内一样，也会为电子控制装置（蓄电池控制模块）供电。为了确保最大安全，会在 12V 供电失灵时快速关闭高电压系统，因为在此情况下蓄电池控制模块也不再工作。因此此时也通过硬件关闭功能而非软件功能实现快速关闭。

4. 充电策略和运行策略

高电压蓄电池充电策略的目的在于，尽可能延长高电压蓄电池的使用寿命并针对额外能量吸收（制动能量回收利用）和能量消耗（例如助推功能）保存储备。混合动力驱动装置运行策略的主要目的在于在尽可能多的情况下利用混合动力驱动装置提高效率和动力。无论是助推功能、电动行驶、发动机节能启停功能还是制动能量回收利用功能，所有这些功能都应在尽可能大的高电压蓄电池充电状态范围内提供使用，如图 6-32 所示。只有在超过充电状态限值影响高电压蓄电池使用寿命的情况下，才需限制各项功能。

发动机处于运转状态时（例如车速高于 60km/h 时）会使高电压蓄电池充电至标记的最佳位置。处于这种充电状态时，留出的蓄电池储备量足以在诸如离开高速公路制动时将额外能量存储在高电压蓄电池内。而这种最佳充电状态最主要的特点在于其能含量很大，足以通过电动驱动装置提供支持或实现纯电动行驶。

发动机节能启停功能无法一直使用至充电状态下限。车辆减速至静止状态时，通常发动机在行驶期间便已关闭而高电压蓄电池在减速期间开始充电。车辆静止期间从高电压蓄电池获取能量来驱动电动空调压缩机并为 14V 车载网络供电。几乎在达到充电状态下限前，

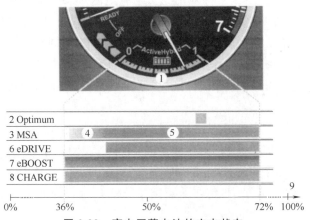

图 6-32 高电压蓄电池的充电状态

1—向驾驶员显示充电状态；2—最佳充电状态；3—发动机节能启停功能 MSA；4—MSA 功能滞后时的充电状态范围；5—MSA 功能完全可用时的充电状态范围；6—可以实现电动行驶（eDRIVE）时的充电状态范围；7—可以使用助推功能（eBOOST）时的充电状态范围；8—可以回收利用制动能量时的充电状态范围；9—实际充电状态

发动机一直保持关闭状态，达到该限值时必须启动发动机以便通过电动机重新提供电能，之后通过电动机为用电器供电并为高电压蓄电池充电。为了避免经常启动和关闭发动机，在发动机能够重新关闭前必须首先重新达到较高的高电压蓄电池充电状态。因此通过滞后作用可确保发动机静止期间拥有足够大的能量储备。

5. 监控功能

在很多监控功能中都有高电压蓄电池单元或蓄电池控制模块的重要参与。其中包括：用于确保高电压系统安全的监控功能；用于确保高电压蓄电池最佳运行条件的监控功能。

高电压接触监控系统的电路图如图 6-33 所示。用于控制和产生高电压接触监控检测信号的电子系统集成在 E72 的蓄电池控制模块内。高电压系统启动时开始产生检测信号，高电压系统关闭时停止产生检测信号。蓄电池控制模块产生一个矩形交流电信号作为检测信号，并将其输送到检测导线上。检测导线采用环形拓扑结构（与 MOST 总线相似），在环形上的两个位置对检测导线信号进行分析：在供电电控箱内以及环形最终端的蓄电池控制模块内，该信号的电流强度必须在 12~35mA；如果电流强度超出该范围，就会识别为电路断路或检测导线短路；如果同时出现人员接触带电部件的情况，就会立即关闭高电压系统。供电电控箱和蓄电池控制模块都可以开始执行关闭过程。

绝缘监控功能可确定带电高电压部件（例如高电压导线）与车辆接地间的绝缘电阻是否高于或低于所需最低限值。如果绝缘电阻低于最低限值，就会存在车辆部件带有危险电压的可能。如果人员接触第二个带电高电压部件，就会存在电击危险。因此针对 E72 高电压系统提供全自动绝缘监控功能，该功能发布在两个高电压组件上。

（1）蓄电池控制模块。在两个高电压导线与高电压蓄电池单元壳体之间存在测量电阻，这些电阻可针对绝缘监控功能单独启用。测量电阻上的电压以电子方式探测，根据电压值可计算出高电压导线与壳体之间的绝缘电阻，由此可分辨出是一个还是两个高电压导线的绝缘电阻过小。只有在高电压系统未启用的情况下才能进行该过程。用于拆卸和安装高电压蓄电池的专用工具如图 6-34 所示。

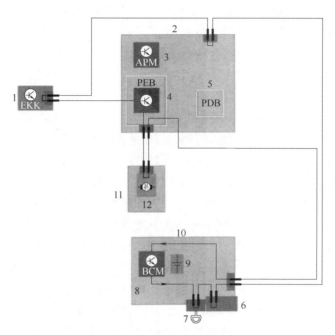

图 6-33　高电压接触监控系统的电路图

1—电动空调压缩机 EKK；2—发动机室内的安全盖板，同时也是内燃机的隔音盖板；3—辅助电源模块 APM；4—供电电控箱 PEB；5—供电配电盒 PDB；6—高电压蓄电池单元上的安全盖板；7—高电压安全插头；8—蓄电池控制模块 BCM；9—高电压蓄电池；10—高电压蓄电池单元；11—主动变速箱；12—变速箱油泵的电动驱动装置

（2）供电电控箱。根据高电压系统启用期间的连续电压测量值，供电电控箱也能确定高电压导线与壳体间的绝缘电阻。更准确地说是可以确定绝缘电阻之间的相互关系。供电电控箱内的绝缘监控系统只能确定一个高电压导线的绝缘故障，通过这种方式无法识别出两根导线的绝缘故障。

(a) 从车内取出高电压蓄电池

(b) 放下高电压蓄电池

图 6-34　用于拆卸和安装高电压蓄电池的专用工具

6. 充电和启动辅助

如果 E72 的 12V 蓄电池电量过低，可像传统车辆一样进行充电。

运行策略通过控制高电压蓄电池的充电状态确保车辆长期停驶后仍能重新启动，但是如果由于高电压蓄电池电量过低导致无法重新启动，就会显示出相应的检查控制信息。

在此情况下可通过 14V 车载网络对高电压蓄电池充电，将允许的蓄电池充电器连接在蓄电池正极接线柱和车辆接地上时，首先只能为14V车载网络供电并为12V蓄电池充电。需要为高电压蓄电池充电时还必须接通总线端15，只有这样才会启动高电压车载网络并闭合高电压蓄电池内的接触器触点。混合动力主控控制单元使辅助电源模块内的DC/DC转换器作为增压变压器工作，随后电能由14V车载网络流至高电压车载网络并为高电压蓄电池充电。

在此过程中必须关闭车上所有不需要的用电器。根据所用蓄电池充电器，充电过程最长可持续30min。只有出现相应的检查控制信息时才允许结束高电压蓄电池充电过程。

图6-35　高电压蓄电池

通过这种方式只能为高电压蓄电池充电到重新恢复启动能力的程度，此时会通过另一个检查控制信息进行显示，如图6-35所示；然后按照使用说明继续进行并将车辆处于"行驶准备"总线端状态；之后启动发动机并使电动机作为发电机工作从而为高电压蓄电池充电。组合仪表内显示的检查控制符号对于所有与高电压蓄电池充电状态相关的检查控制来说都是一样的。必须对高电压蓄电池电量过低的E72进行启动辅助时，具体过程与借助蓄电池充电器为高电压蓄电池充电时相似。必须注意，将跨接启动车辆连接到E72上后无法立即建立起行驶准备状态，而是必须等到E72上显示出高电压蓄电池已电量充足的检查控制信息，之后才允许断开跨接启动车检查控制符号辆与E72的连接。

7. 安全进行高电压系统方面的工作

注意：对E72的高电压组件进行工作前，必须遵守并落实电气安全规定，即高电压系统必须断电，必须防止高电压系统重新接通，必须确定高电压系统断电。

（1）准备工作。开始工作前必须采取防止溜车的措施（挂入自动变速器的驻车挡并启用驻车制动器），必须断开总线端15和总线端R，必须关闭可能连接的充电器并断开接线。

（2）使高电压系统断电。借助高电压蓄电池上的高电压安全插头使E72的高电压系统断电。

① 将高电压安全插头的把手垂直向上翻折，如图6-36所示。这样可使高电压安全插头上部相对于下部的熔丝移动。

② 将整个高电压安全插头向后推，如图6-37所示。进行这步工作时，高电压接触监控电路已断开。

图6-36　垂直翻折

图6-37　后推高电压安全插头

③ 推动高电压安全插头时可看到开口内有一个十字槽螺栓（序号1），如图6-38所示。

④ 必须松开该十字槽螺栓（图6-39），但将其留在高电压安全插头内。

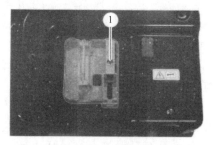

图 6-38 十字槽螺栓

图 6-39 松开十字槽螺栓

⑤ 通过拉动高电压安全插头上的把手（图 6-40）将其从蓄电池内整个取出，包括熔丝，这样可以中断蓄电池电解槽的串联连接。E72 的高电压系统通过两种作用机制断电：高电压接触监控电路断路，串联连接的蓄电池电解槽相互断开。

（3）防止高电压系统重新接通。防止重新接通功能也由高电压安全插头来实现，为此需要一个普通弓形锁（例如 ABUS45/40）。

① 高电压安全插头旋转 180°后，按相反方式（使把手向下）重新安装，如图 6-41 所示。

图 6-40 拉动高电压安全插头上的把手

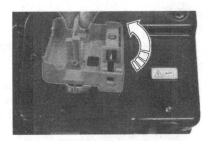

图 6-41 将高电压安全插头旋转 180°

这时拉手占用了熔丝的位置，如图 6-42 所示。拉手采用塑料材质，具有绝缘特性，这样还可防止导电物体进入熔丝支座内。

② 将弓形锁穿入高电压安全插头上的开口和一个固定环内，如图 6-43 所示。锁好弓形锁（序号 1），拔出钥匙并在工作期间小心保管。不允许其他任何人接触钥匙，因为可能会使高电压系统重新进入运行状态。

图 6-42 拉手的位置

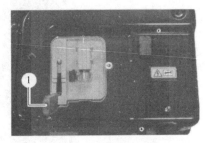

图 6-43 锁好弓形锁

（4）确定断电不通过测试仪或诊断系统确定是否断电，而是由高电压组件测量自身电压并通过总线信号向组合仪表发送测量结果。只有当组合仪表从所有相关高电压组件处均接收到断电信号时，才会发出检查控制信息显示断电状态，如图 6-44 所示。

图 6-44 表示高电压系统断电状态的检查控制信息

需要确定是否断电时,售后服务人员必须接通总线端 15 并等到组合仪表内出现检查控制信息和上面所示的符号,之后才能确保高电压系统断电。确定断电后必须重新断开断电的检查控制信息总线端 15 和总线端 R,然后再开始进行实际工作。如果没有显示检查控制信息,则不允许对高电压组件进行操作。

8. 绝缘故障

供电电控箱和蓄电池控制模块内的控制单元测量高电压导线与接地间的绝缘电阻,这项绝缘监控功能用于识别整个高电压电路内(不仅是在供电电控箱和高电压蓄电池内)的绝缘故障,为此需使所有高电压组件壳体与接地导电连接。

绝缘监控功能仅能识别出是否存在绝缘故障,绝缘监控功能无法确定具体故障原因,查明并最终确定具体故障位置必须借助诊断系统来进行。系统内存储的检测计划对故障代码存储器记录进行分析并逐步执行定位过程。在此可能需要暂时将各高电压组件与高电压导线断开,通过系统化排除各高电压组件可使故障原因范围越来越小。

第四节 奥迪 Q5 混合动力电池系统的检修

一、奥迪 Q5 混合动力电池系统简介

1. 混合动力蓄电池单元 AX1

混合动力蓄电池单元 AX1 在后备厢内的备胎坑中,它由高压蓄电池 A38、蓄电池调节控制单元 J840、保养插头接口 TW、安全插头接口 TV44、高压线束接口 PX1、12V 车载电网接口等部件构成,其结构如图 6-45 所示,高压蓄电池的各项参数如表 6-5 所示。

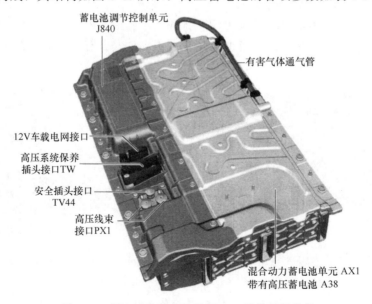

图 6-45 混合动力蓄电池单元 AX1 的外形及结构

表 6-5　高压蓄电池的各项参数

额定电压/V	266
单格电压/V	3.7
电池格数量	72（串联的）
容量/A·h	5.0
工作温度/℃	15～55
总能量/kW·h	1.3
可用能量/kW·h	0.8
功率/kW	最大 40
质量/kg	38

混合动力蓄电池单元 AX1 的壳体使用电位补偿线（电位均衡线）与车辆相连。在这个蓄电池壳体内，集成有用于吸入和排出冷却空气的接口。为了能在蓄电池有故障时通过一个通气软管将溢出的气体引至车底部位，就在该壳体上装了一个有害气体通气管。

2. 蓄电池调节控制单元 J840

蓄电池调节控制单元 J840 集成在混合动力蓄电池单元 AX1 的左侧，该控制单元与混合动力 CAN 总线和驱动 CAN 总线相连。J840 侦测高压蓄电池的温度，并通过蓄电池冷却模块来调节蓄电池冷却状况。该控制单元查明并分析充电状态、单格电压和蓄电池电压的信息，这些信息通过混合动力 CAN 总线传至发动机控制单元。

安全线是个环形线，它穿过所有的高压部件且由蓄电池调节控制单元来监控。如果松开了高压线，那么安全线就中断了，高压系统也就被关闭了（切断了）。控制单元 J840 使用一个电流信号来实施这个监控，这个电流是由功率控制电子系统发出并送入安全线的。在历史数据中，控制单元记录了所有与蓄电池有关的数据。这样的话，蓄电池出现深度放电或者过热之类的问题，就可以在事件发生之后还原真相了。

高压蓄电池通过高压触点来与其他高压部件连接或断开。"正极"和"负极"触点各一个。一旦 15 号线接通了，蓄电池调节控制单元 J840 会立即接通高压触点。如果为蓄电池调节控制单元 J840 供电的 12V 电压中断了，那么高压触点就断开了。12V 车载电网"关闭"，就表示高压装置也是"关闭"的。

当点火开关已关闭，或者安全线已切断，或者安全带张紧器已触发，或者安全气囊已触发，或者两个 12V 蓄电池在"15 号线接通"的情况下已与车载电网断开时，高压触点由蓄电池调节控制单元 J840 来断开。

3. 高压蓄电池 A38

（1）高压蓄电池 A38 的结构与功能　高压蓄电池 A38 集成在混合动力蓄电池单元 AX1 内。有一个电流传感器用于在充电和放电时侦测电流。另有传感器用于侦测高压触点前、后的电压。高压触点在"15 号线接通"的情况下是闭合的（接通的）。

在"15 号线关闭"的情况下或者有碰撞信号时，高压触点是断开的。高压蓄电池的充电状态保持在 30%～80%，充电情况的这种限制，可以明显提高高压蓄电池的寿命。组合仪表上的蓄电池显示是以 0 或 100% 来显示的。充电状态作为一个信息被放置在混合动力 CAN 总线上。

在达到了启动能力最低极限值时（高压蓄电池充电状态低于25%了）或者是没能启动发动机，那么发送机控制单元会给显示仪表发送一个信息，随后就会显示"车辆现在无法启动"这个内容。如果充电状态低于20%，那么就不准许有放电电流了。在纯电力驱动行驶时，高压蓄电池给高压电网和12V车载电网同时供电。

（2）高压蓄电池的充电 如果组合仪表上显示"车辆现在无法启动"这个内容，那就必须给高压蓄电池充电了。充电时应关闭点火开关，将充电器（至少30A）或者带有三相发电机的发电车接到跨接启动销上。充电过程完成后接通点火开关，就会显示"正在形成启动能力，请稍等…"这个信息。

如果在1min内，高压蓄电池无法吸收充电电流，那么就会显示"充电过程已中断，无法形成启动能力"这个信息。其原因是充电器或者发电车能力太弱了。另外这种故障信息也可以红色的混合动力警报灯来提示。

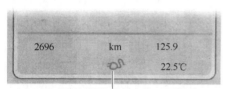

识别出有充电电流时组合仪表显示屏上的显示

图6-46 充电时组合仪表上显示的绿色插头

如果识别出充电电流了，那么高压蓄电池会被充电到35%的状态。组合仪表上会显示一个绿色的充电插头（图6-46）。12V蓄电池在这时会部分放电。如果高压蓄电池的充电状态降至5%以下了，那么蓄电池就无法再充电了。

4. 高压系统保养插头TW

高压系统保养插头TW是高压蓄电池两个部分之间的电桥，如果拔下了这个保养插头，那么这两部分的连接就断开了。如果在高压部件上或者在高压部件附近动用车削工具、成形工具或棱角锋利的工具，那么必须要拔下这个保养插头。要想切断电源（停电）的话，应在诊断仪中进行相应操作。

（1）保养插头的开锁和上锁 应关闭点火开关。要想够着高压系统保养插头TW，必须打开后备厢内的高压系统保养盖板。这个保养插头就在混合动力蓄电池单元AX1上的橘黄色橡胶盖下，因此必须先移开这个橡胶盖，如图6-47所示。

（2）拔下保养插头 要想关闭高压装置，一个途径就是操作这个保养插头，因为该插头是高压蓄电池两个部分之间的电桥。具体说就是该插头有两个确定的开关位置，如图6-48所示。当保养插头在位置1时（图6-49），安全线是被切断了的。当保养插头在位置2时，蓄电池两个部分之间的串联连接就被断开了。这时可以将保养插头从支架上拉出（图6-50）。这时高压装置就被关闭了，应检查停电情况（就是验电）。

（3）保养插头内的熔丝 保养插头内有一个规格是125A的高压装置熔丝，如图6-51所示。要想让高压系统再次恢复工作，应按相反顺序将保养插头插回原位。

图6-47 保养插头的开锁和上锁

图6-48 拔下保养插头

第六章 混合动力汽车动力电池系统的检修

图 6-49 保养插头在位置 1

图 6-50 保养插头在位置 2

5. 安全插头 TV44

开始安全插头 [图 6-52（a）] 的机械上锁操作前，必须拔下保养插头（图 6-48），只有奥迪培训合格的高压电技工才允许执行此项工作。只有在先拔下了安全插头 TV44 [图 6-52（b）] 后，才允许断开混合动力蓄电池单元的高压线。必须向上拔出插接环，这样才能断开安全线，且蓄电池管理控制单元才能通过高压触点来断开高压蓄电池连接。只有在事先拨离了锁环 [图 6-52（c）] 后，才能拔下高压线的插头。由于断开了安全线，所以高压线触点上就没有电了（无电压），在拔高压线

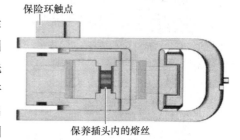

图 6-51 保养插头内的熔丝

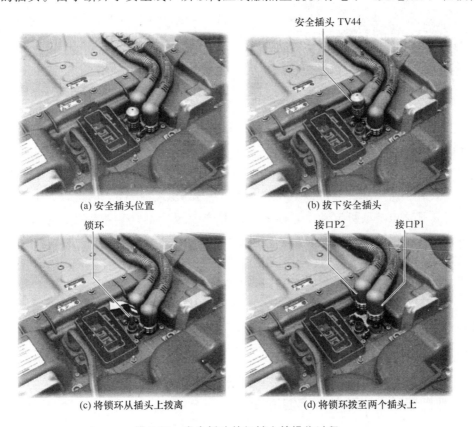

图 6-52 安全插头的机械上锁操作过程

时就不会遭电击了。与此相反的是，只有在将锁环拨至两个插头［图6-52（d）］上后，才可以将接功率控制电子装置的高压线与混合动力蓄电池单元相连，然后才允许插上安全插头。这也就是说：与安全线协同工作时，只有当插好安全插头后，高压装置才会通上电。插上高压接头这个操作必须在无电流时来进行。

应该注意的是，只有受训合格的高压电技工才可以拔这个保养插头，以保证装置处于停电状态。

二、奥迪 Q5 混合动力系统安全理念

1. 绝缘控制

每30s用高压电网上的系统电压进行一次绝缘测量，就是要识别整个高压回路上的绝缘故障。整个高压回路包括高压蓄电池内部、动力线、功率控制电子装置、电驱动装置电机的三相线和连接空调压缩机（包括空调压缩机）的导线。如果有绝缘故障的话，那么组合仪表上会有信息，提示用户去服务站寻求帮助。

图 6-53 带有锁环的安全插头 TV44

2. 带有安全插头 TV44（图 6-53）的安全线

安全线是一种安全结构，它包含一个机械元件和一个电气元件。这个安全线的作用是：一旦将某个高压部件与电网分离了，安全线会保证电网处于无电压状态。另外，安全插头与锁环一起构成了一个机械锁，该锁可防止高压线在已加电时被拔出。

安全线就像一个电气开关，它通过安全插头来接合。如果拔下了安全插头，那么这个开关就断开了，高压系统也就被关闭了。在拔高压元件的高压线前，必须拔下安全插头。这样就可保证：在拔线时，整个系统是不带电的（无电压）。

3. 安全线接合

高压装置的所有部件都是通过一根单独的低压线呈环状彼此相连。部件之间的连接采用常开触点式，当所有部件都可以工作时，那么常开触点就接合了。这时如果在安全线上加上了电压，那么电流就可流动了，因为导线并未断开。能测得有电流，这也是安全线的所有部件都能工作的一个证明。就功能方面来说，安全线与白炽灯泡的冷监控相似。

4. 安全线中断

如果常开触点脱开了（比如因为某个部件无法工作或者安全插头已拔下），那么安全线就中断了。加载上电压后也无电流流过，这就表示：高压装置不能工作了。检查安全线是接合了还是断开着，这个工作由混合动力蓄电池单元内的蓄电池调节控制单元来完成。如果该控制单元判断出安全线是断开着的，那么它就不会去操控高压触点，于是高压蓄电池与高压装置之间的连接就中断了。

三、奥迪 Q5 混合动力蓄电池冷却

蓄电池在充电时，其化学反应过程与放电时是相反的。在这个热力学过程中会放出热

量，这就导致蓄电池变热了。由于奥迪 Q5 混合动力车上的高压蓄电池总是在不断地充电、放电，那么它所产生出的热量就会很可观了。于是除了导致蓄电池老化外，最重要的是还会使得相关导体上的电阻增大，这会导致电能不转换为功，而是转换成热量释放掉了。因此，高压蓄电池有一个冷却模块，该模块上有自己的蒸发器，并连接在电动空调压缩机的冷却液循环管路上。这个冷却模块使用 12V 的车载电网电压工作。

如图 6-54 所示，蓄电池冷却模块的部件包括：蓄电池风扇 1（V457），混合动力蓄电池循环空气翻板 1 的伺服电机 V479，混合动力蓄电池循环空气翻板 2 的伺服电机 V480，混合动力蓄电池蒸发器前的温度传感器 G756，混合动力蓄电池蒸发器后的温度传感器 G757，混合动力蓄电池冷却液截止阀（N516）。另外，在混合动力蓄电池壳体与高压蓄电池两个部分之间，安装了 6 个温度传感器，每个传感器都位于冷却模块上的蓄电池冷却空气入口或出口处。

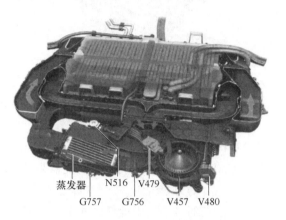

图 6-54　蓄电池冷却模块的结构

如果蓄电池管理控制单元通过蒸发器前传感器 G756 或者蒸发器后传感器 G757，探测到蓄电池的温度过高了，那么控制单元就会接通风扇 V457 控制单元内设置了冷却功能模型，根据具体温度情况，在蒸发器工作时可从新鲜空气模式切换为循环空气模式。发往自动空调控制单元 J255 的冷却功率请求分为三级，鼓风机转速由蓄电池调节控制单元 J840 通过 LIN 总线来控制。

在新鲜空气工作模式时，风扇 V457 从备胎坑内抽入空气，空气经蒸发器被引入到蓄电池，热空气经后保险杠下方被引出。在循环空气工作模式时，循环空气翻板 1 和 2 都是关闭着的，不会吸入新鲜空气。在需要时，控制单元 J840 将请求信息通过 CAN 总线发送给空调控制单元，以便去接通电动空调压缩机 V479 蓄电池风扇 1（V457）、混合动力蓄电池循环空气翻板 1 的伺服电机 V479 和混合动力蓄电池循环空气翻板 2 的伺服电机 V480，由控制单元经 LIN 总线来调节。伺服电机 V479 和 V480 是串联的。混合动力蓄电池冷却液截止阀（N516）在未通电时是关闭着的，它控制去往混合动力蓄电池空调器的冷却液液流。冷却模块有一个维修位置，以便能够得着其下的 12V 蓄电池。

四、奥迪 Q5 混合动力系统维修工具及设备

1. 常用工具

（1）保养用断开锁 T40262。如图 6-55 所示，为了在保养时防止高压装置再次合闸接通，保养插头用这个带挂锁的塑料盖给上锁锁住了。这样做是遵守了检修电气装置时的第二点安全规程"严防设备重新合闸"。

（2）适配头 T40259。如图 6-56 所示，这组工具由三套钩环组成，用于拆装高压蓄电池。

图 6-55　保养用断开锁 T40262

图 6-56　适配头 T40259

（3）松开工具 T40258。如图 6-57 所示，该工具用于拆卸高压插头。

2. 车间设备

（1）检测适配器 VAS 6606/10。如图 6-58 所示，高压蓄电池和功率控制电子装置使用分离盒 VAS 6606 中的这些检测适配器来检查。

（2）混合动力警告牌 VAS 6649。如图 6-59 所示，在开始检修混合动力车前，必须要保证工作地点的安全。因此必须把这个安全警示牌放在车内容易看到的地方，以提醒人们注意高电压的危险性。

图 6-57　松开工具 T40258

图 6-58　检测适配器 VAS 6606/10

（3）混合动力警告牌 VAS 6650。如图 6-60 所示，在开始检修混合动力车前，必须要保证工作地点的安全。因此必须把这个安全警示牌放在车内容易看到的地方，以提醒人们"切勿接通，正在检修"。

图 6-59　混合动力警告牌 VAS 6649

图 6-60　混合动力警告牌 VAS 6650

（4）VAS 6558。如图 6-61 所示，这个测量模块用于通过一个非常小的电流产生一个 500V（最高可达 1000V）的测量电压。供电是通过 USB 2.0 接头获得的。用测量盒借助于某个测量适配器来测量停电（无电压）状态。另外，还可用它来确定绝缘电阻。该测量盒可以与诊断仪 VAS 5051B、VAS 5052A 和 VAS 6150 兼容。

3. 混合动力检测适配接头 VAS 6558/1A

该接头是组件 VAS 6558/1 的一部分，用于配合 VAS 6558 来测量高压装置内的停电（无电压）状态和绝缘电阻。适配接头的所有高压连接线在外观上都有机械编码，只能用于与其相配的插口上。适配接头的高压连接线插、拔都要小心，否则可能会损坏插口。若插口损坏就会产生接触安全方面的问题。

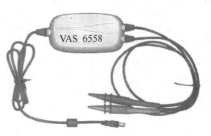

图 6-61 VAS 6558

（1）停电（无电压）测量适配接头 VAS 6558/1-1。如图 6-62 所示，该接头直接连在电源、高压蓄电池和功率控制电子装置上，用于测量无电压状态。该接头内装的是高欧姆电阻，以保证在出现故障时，测量插口上只有很小的电流。在每次测量无电压状况前，应检查一下测量适配接头。

（2）VAS 6558/1-2。如图 6-63 所示，这两条高压接线是与混合动力蓄电池单元和功率控制电子装置上的接口相配的。该测量接头上的高压插口与混合动力蓄电池单元、功率控制电子装置以及电机（EMachine）的高压线是相配的。使用这个测量接头，可以测得高压供电网的绝缘电阻。

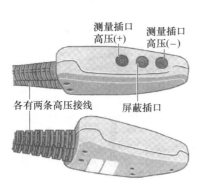

图 6-62 停电（无电压）测量适配接头 VAS 6558/1-1

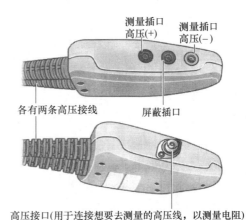

图 6-63 VAS 6558/1-2

参考文献

[1] 中国汽车工程学会. 节能与新能源汽车技术路线图. 北京：机械工业出版社，2017.

[2] 李敬福，王洪佩. 新能源汽车关键技术研究. 北京：北京理工大学出版社，2017.

[3] 曾鑫，刘涛. 新能源汽车动力电池与驱动电机. 北京：人民交通出版社股份有限公司，2017.

[4] 包科杰，徐利强. 新能源汽车维护与故障诊断. 北京：人民交通出版社股份有限公司，2017.

[5] 陈社会，陈旗. 新能源汽车构造与维护. 南京：江苏凤凰教育出版社，2018.

[6] 王震坡，孙逢春，刘鹏. 电动车辆动力电池系统及应用技术. 第2版. 北京：机械工业出版社，2017.

[7] 文少波，赵振东. 新能源汽车及其智能化技术. 南京：东南大学出版社，2017.

[8] 何洪文等. 电动汽车原理与构造. 北京：机械工业出版社，2012.

[9] 刘春晖，张炜炜. 混合动力汽车结构与检修. 北京：化学工业出版社，2017.

[10] 尹力卉，王林，左晨旭. 新能源汽车技术. 北京：机械工业出版社，2017.

[11] 陈美多，彭新. 新能源汽车技术. 成都：西南交通大学出版社，2017.